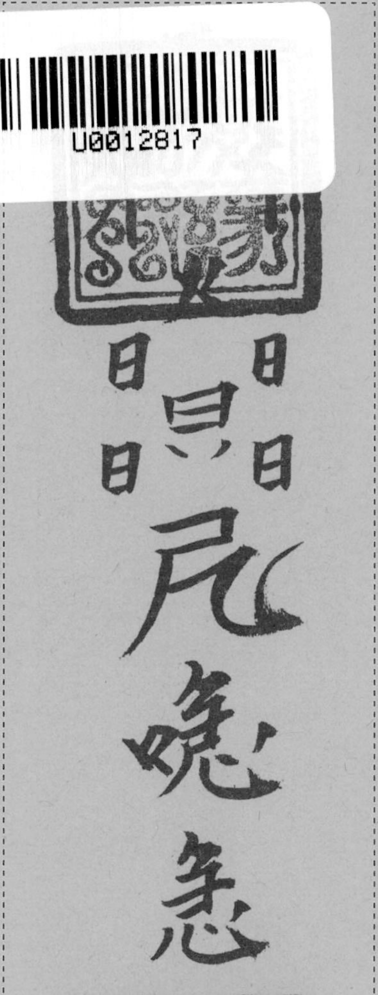

人緣符

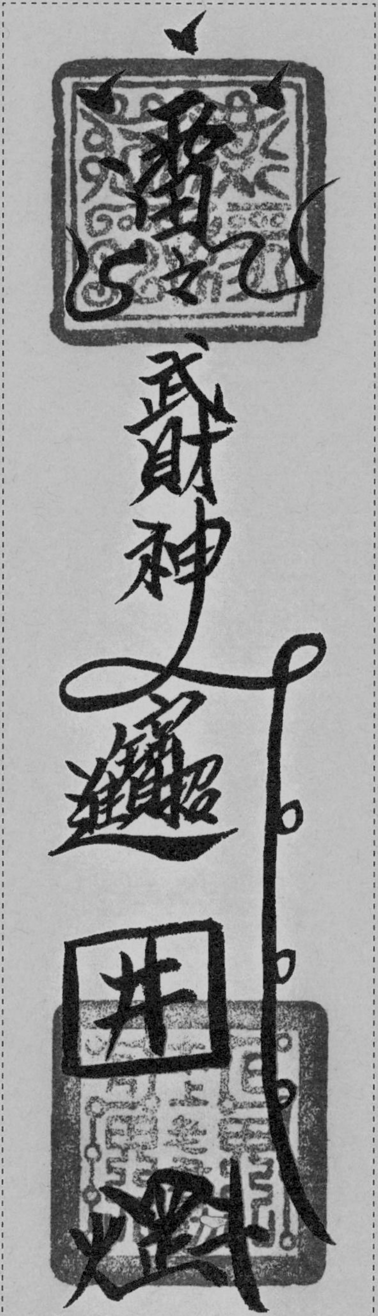

招財符

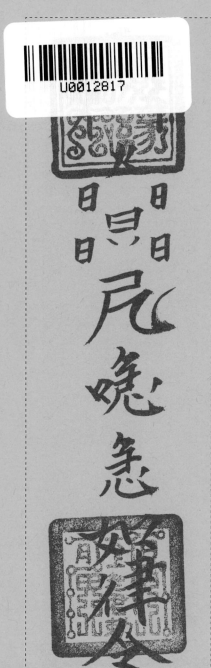

防小人符

平安符

# 符咒的力量

三龍法師 著
錯別字 採訪撰述

18個符靈法顯、
驅動幸福的驚奇故事

# 目錄

## 第二章 求財系列

## 第三章 人際關係系列



## 第四章 愛情桃花系列



## 第五章 驅邪護身平安系列

推薦序(1)

# 符咒是一種心理支持的力量

Youtuber異色檔案／DK DI掃

第一次見到錯別字，我就對他留下極為深刻的印象，畢竟講話這麼天花亂墜（開玩笑啦），表情又猥瑣的人（這倒是真的），實在少見。

然而在訪問錯別字以後，我才發現他其實是一個超真誠的記者。比如說，他承認是一個徹底的麻瓜，這輩子看不到鬼，但錯別字絕不會瞎掰說他能感應到。明明只要弄一個擁有陰陽眼的人設，就不用辛苦的跑到各地採訪，他卻選擇一條扎實的路線。

跟錯別字錄製節目的過程，只要探討到有關民俗信仰的疑問，他一定都會提到三龍法師，顯見三龍法師對於民俗觀點瞭若指掌。這次能拜讀三龍法師與錯別字合作的《符咒的力量》，讓我完全一頭栽進了一個超有意思的領域。

在看這本書之前，由於一知半解，對於符咒法術我是敬謝不敏。我以為符咒在傳統民俗信仰與怪力亂神之間的界線是很模糊的，但是，捧讀《符咒的力量》才讓我了解到，符咒不只是民俗信仰，它更是一種心理支持的力量（甚至有些案例是難以用常理解釋的，令人玩味）。

正如書中所述，「所有符咒都是輔助，本質還是要看自己」。也就是說，生活遇到困頓的人，想要索取符咒來改變現狀，符咒在信念上，或者在某種神祕領域裡，也許可以給你支持與幫助。但真正能夠讓你跳脫困境的、根本上達成效用，不管是要求財、求感情、斬桃花等等，還是要取決於你做了什麼樣的努力。

《符咒的力量》寫了很多三龍法師遇到的案例，以及真實故事改編，於是讓我體悟到，其實每個來求助符咒的人們，背後都有自己的人生故事，我覺得三龍法師不單是符咒師，有時候他也扮演著撫慰人心的角色。透過他深入淺出的解釋，帶領我們進入符咒的世界。

至於錯別字的文字，則是一貫的充斥詼諧幽默，本書讀起來絕對不艱澀生硬。我尤其喜歡正文後面的Q＆A問答篇，以錯別字與三龍法師一問一答的形式，就像真的聽著兩人在抬槓，並且夾雜著大男生的幹話，真的是超爆笑，同時還能知道一些民俗知識，讓我對本書實在是愛不釋手。

反正，《符咒的力量》不入手實在可惜。特別是書的最後有招財符、人緣符、平安符、防小人符，天知道我太需要這四張符咒了，趕快收藏起來啦！

推薦序(2)

# 具體易懂的符咒真實故事

靈異恐怖動畫Youtuber／ET的怪奇故事動畫館

身為一個YouTube鬼故事影片的重度成癮者的自己，一直都有聽睡前一則鬼故事的習慣。

直到某天自己也在YouTube經營頻道後，居然收到了錯別字本人邀請到電視台現場講鬼故事，那時真是令我又驚又喜。

當時雖然已經知道他是一名專業的記者，但在開拍前他以迅雷不及掩耳的速度完成事前準備，見他掃了一眼稿子便將稿子扔在地上後，十分熟練的將故事講完，說話不僅條理分明，故事的表達方式更是讓人身歷其境，重點是一次就錄完，沒有彩排也沒有NG，實在讓我欽佩不已。

錯別字不僅在專業領域上表現的出類拔萃，又會寫書，又曾經是空手道國手，本人也跟影片裡一樣幽默又風趣，斯文且帥氣，真是一個集智慧、才華、相貌兼具於一身的完美男人啊！（那個……請給我一個嘔吐袋，謝謝。）

關於《符咒的力量》這本書，相信當大家第一次看見書名時一定也會跟我一樣納悶，居然會以符咒作為題材出書？

「那個不就是在每個鬼故事中經常會出現的黃黃又長長寫了潦草的毛筆字的紙張嗎？那張紙總出現在主角遇到阿飄時，因為那張紙的關係提升了主角的防禦能力，所以阿飄無法靠近，讓主角僥倖逃過一劫；要不就是為了封印某個邪惡力量，所以故事中都會有一個貼滿符咒的箱子啊！門啊！衣櫥後面啊！床底下啊！符咒在鬼故事中的作用十次有九次都是拿來這樣發揮的吧？到底為什麼可以寫成一本書呢？」

我心裡這麼想著，好吧！就給這本書一頁的機會，如果那頁沒辦法讓我產生興趣，那它日後的命運就只剩下拿來讓我壓在泡麵碗蓋上的作用了。

直到翻開這本書，結果出乎我意料之外，顛覆了我對符咒的刻板印象。每個章節在描寫符咒的特點時都免不了需要鉅細靡遺解釋，理應是最無聊的部分，但實際上卻沒那樣枯燥乏味，錯別字擅長運用比喻的方式，簡單扼要的短短幾行字就能讓我如同吃了益生菌後好消化、好吸收，而每篇都加入與其符咒相關的真實故事來敘述，他總能透過文字以具體易懂的方式刺激我的想像力，讓我腦中浮現畫面。

章節內的標題都能一次次的挑起我的好奇心，一旦翻閱就難以停下。

在章節的最後偶爾會出現一些Q＆A，錯別字訪問著符咒師許多問題，這些問題幾乎將我內心的疑問都提出來了（我深深懷疑錯別字是不是有讀心術），Q＆A問答有著錯別字一貫幽默風趣的口吻，除了排解我心中的疑惑以外，還總能讓我讀到一半嘴角向上揚起。

這是一本讓人能很輕鬆閱讀完的書籍，只要閱讀一次便能將每張符咒的作用深深刻印在腦海裡，如果《符咒的力量》是學測裡要考的科目之一，我相信讀完這本書後的你一定至少會拿到九十五分。

讀了這本書的結論就是發現以後自己不能再吃泡麵了，因為沒有東西可以壓在我的泡麵碗蓋上啊！

推薦序(3)

# 符咒故事讓我大開眼界

靈異恐怖動畫Youtuber／凱莉栗說說

嗨嗨~~我是凱莉，就是那個經營鬼故事動畫頻道的凱莉。

距離上一次幫錯別字的書寫推薦序已經過去快一年半，這次再收到錯別字的邀約，我實在感到特別榮幸（在這裡感謝帥氣的錯別字）。

一開始看到這本書的標題時，上面寫著符咒的力量，我心裡想著：該不會是很硬的符咒知識……天啊！我可能會讀得很辛苦。雖然標題後有「十八個符靈法顯、驅動幸福的驚奇故事」我仍然有點害怕的翻開這本書。沒想到，我完全沉迷於三龍法師的每篇故事之中，每個故事後面都有三龍法師跟錯別字的對話讓我笑到噴飯，但同時錯別字也有問出我內心的一些疑惑。

這本書最棒的一點是，三龍法師不會神神叨叨，一味的宣揚自己的符咒多厲害，也不會一直說些讓人暈頭轉向的字詞。反而每個故事都很貼近生活，三龍法師也會在每個故事裡面及故事後的問與答，仔細講解每張符的作用，甚至會順勢宣揚正確的想法跟觀念。

總歸一句話，整本書中你可以感覺到三龍法師始終在「勸人向善」、「心存正念」。「符咒就是工具，只是個助力，成敗終究取決在人心。」

我真的很喜歡這樣的想法，在我的頻道中，我收過很多鬼故事，其實我也隱隱覺得有些事情其實都來自於人的想法、信念及能量。

在看這本書的時候，裡面收錄的一些符咒故事讓我大開眼界。像是「豬哥符」，我認真被豬哥符的功效震驚，豬哥符真是個促進夫妻感情的好幫手；而在閱讀「引鬼入宅符」的故事章節時，內心驚嘆這真的是一個整治惡鄰的好方法，但如同法師說的，是因為對方已經傷害人了，所以他才出手。我們還是要好好待人，與人為善。

更不用說這本書還介紹了幾種跟財運有關的符咒，我原先以為求財就是什麼求財符的，沒想到原來有好幾種，像是財水符、旺店符、售屋如意符、聚財符……等。至於差別在哪裡？

「嘿嘿，想要財寶嗎？想要的話可以全部給你，去找吧！三龍法師把世界上的求財都放在這本書裡！」（哥爾．D．羅傑上身中）

最後我看完這本書有個深深的疑問，三龍法師會不會人太好啊，除了前面開頭直接跟我們講解符咒的組成，最後還送我們四張符咒加使用說明！這本書真的就是三龍法師自己在書中形容自己的服務一樣，「俗又大碗、CP值超高」。

作者序(1)

# 一本真實的符咒故事書

三龍法師

跟錯別字—賴正鎧認識結下緣分是在當年中天新聞台的節目《神秘52區》，當時他是文字記者，我是專題受訪者，他不是唯一，也不是第一個合作的專題文字記者，但卻是撐最久的一個。

在此不得不提，第一個採訪我，也一直合作至今的，是現在仍和錯別字持續搭檔的攝影記者—意欽哥。在此感謝當年意欽哥的賞識與不嫌棄，才讓我有機會躍上電視螢幕，也牽起了日後和錯別字認識合作的緣分。隨著參與《神秘52區》，專題次數的增加，我們一起並肩作戰，製做了許多集精彩的題材與專題節目，彼此越來越熟悉，從討論專題的內容，到節目以外的民俗話題，到交流彼此的觀念想法，分享討論生活中的大小事情，已經不只是工作上的合作夥伴，私下也成了有多年情感的好友。

後來才知道賴正鎧除了是專題記者，還有從事專欄寫作，文風相當詼諧生動，「錯別字」正是他專欄寫作使用的筆名，我也常常閱讀他寫的故事，成為了他的讀者粉絲，而一些沒被節目採用，或者不適合拿來做新聞專題的故事題材，反而透過他專欄作者的身分用另外一種形式呈現出來，而我也因此變成他筆下故事主角常客之一。

相對於一般星座、占卜、命理、風水而言，法師這個職業或者說身分，可能是比較不被大眾所熟悉的，尤其，還是個專攻符咒法術為主的符咒法師。

隨著在下在網路上耕耘服務了十幾年，也感謝意欽哥跟錯別字的牽成，一起合作努力了這些年，讓符咒這個在現代不太被認識的領域，逐漸可以被更多的人知道。

雖然現在是網路的時代，自媒體、影音創作當道，但閱讀書籍的讀者群，跟看電視節目的觀眾、網路社群平台閱聽者還是有不同的受眾，因此幾年前就曾有這個念頭，想要試著把一些觀念與從事法師這麼些年來遭遇到的案例故事，整理寫成書的想法，也曾有朋友提議要不要考慮出書的idea，但因為我的工作事務一直都很繁忙，而忙著忙著，寫書這回事就一直擱置著，如果要我自己寫，也不是寫不出來，但進度之慢可能得難產好多年還生不出一本書需要的稿量，所以一延宕又幾年過去了。

之前一些前輩出版的關於符咒的書籍，大多都是比較偏向「工具書」的類型，可能蒐集展示了許多符咒的樣式或集結各種古文資料，但這種書籍，只有相關從業者或者是對於法術有研究的小眾有興趣而已，對於一般大眾讀者而言，無疑是晦澀難懂的天書。所以，我想要出一本，不要那麼硬核，不要那麼學術，不要那麼工具的，用很生活化的內容，用愉快詼諧的口吻，很白話的用字遣詞，透過符咒的實際應用、真實的案例故事改編，來讓大家都可以很輕鬆的閱讀，進而對於符咒法術可以有初步的理解或產生興趣，甚至更進一步去運用符咒來改善自己的運勢與生命中的一些問題。

所以當錯別字提出，可以由他來執筆，我們一起來出一本符咒故事書這想法的時候，這事就水到渠成，一切都太適合不過了。

作者序(2)

# 認識符咒也能多一點民俗觀點

錯別字

我是因為採訪認識三龍法師，就算之後沒採訪也是持續糾纏他。

這本書的動念發生在某天下午，當時我跟主編坐在咖啡廳討論我的下一本書，忽然聊起了三龍法師。我說，符咒類型眾多，信徒有的求財、有的求偶，還有的求死，每一張符就是一則故事，說完，我喝了一口黑咖啡抬頭看到主編，她張大了嘴跟眼，不敢置信的愣住，我知道她想幹嘛了。

對於第一次聽到符咒故事的人來說，真的是很震撼。

約莫五年前，我下台南採訪三龍法師，主題是找一間女鬼變女神的廟宇，一天的採訪收尾在夕陽西斜的窗邊，當時的我已經無法再多問多寫任何採訪事項，只剩晚餐要吃哪一間滷肉飯的思考功能。

但此時，我聽到後座的三龍法師正跟某位信徒通電話，對方因身陷官司所以來求符解麻煩，掛了電話我好奇一問：

「打官司也可以求符？」

「嗯——符咒可不是只有貼殭屍的額頭而已。」

隨後他分享了豬哥符、經血降符、合和符……等，我則是開了車內燈拿出採訪板，不停寫下字跡潦草的筆記，再累的情緒也被這有趣的話題點燃，後照鏡照到我的臉，那時的表情就跟主編那天下午一樣。

每當我跟周遭人聊起符咒學時，漸漸發現很多人對符咒有著錯誤的想像，很多人覺得符咒效力都是瞎扯，又或者以為一符在手財富自由，還是有了桃花符躺在床上都能等到另一半。

我一直認為符咒就像一罐B群維他命，它可以讓你身體變好更有精神，但前提是你要正常飲食、努力運動、早睡早起，而非正餐不吃、熬夜怠惰，光靠一張符（一罐B群）就能一切好轉，如果這樣那恐怕吃的不是維他命，是安非他命。

故事有很多屬於真實故事改編，一來故事久遠，連我電話聯絡當事人採訪，他自己時序都記不清；二來當事人想低調，不想讓別人知道自己有在求符，不知是怕自己的虔誠被人說迷信？還是求符的祕密不想讓人知道？三來是保護當事人，很多地點鬧鬼你不能直接寫出來，那房東或鄰居一定跳腳，總之故事會依照娛樂性做部分的調整，在對話上增添一點趣味，但不會憑空捏造無中生有，至於後半段「三龍法師訪談」，那就是扎扎實實的內容了。

這本書希望以一個輕鬆好咀嚼的調理，讓你在認識符咒之外也能多一點民俗觀點，在華人世界甚至是台灣，宗教信仰與生活密不可分，即便你本身是科學信徒，但總會遇到同事長官、另一半的父母、前輩貴人對神佛鬼怪有信仰，總會有用到的時候。

【第一章】

# 符咒的基本觀念

敕令○○○

# 自己畫符可不可以？

我是三龍法師，想跟大家聊聊自己畫符可不可以。內容會有點硬，但又不得不寫在這本書裡，如果你想看故事，可以先折角起來等有空回頭再看這一篇。

很多人問：「符咒看起來又不難，照著描是不是就有相同的效果？」也許你覺得這問題很可笑（我也覺得），但還是很多人質疑我們符咒師，那我現在跟你說：「當然是不可能的。」

符咒這門術法，非常講究傳承以及祕訣，最重要的是在有形的物品背後驅動無形的能量，而紙是很好的介質，所謂「一紙、二土、三木、四石、五金」是好入靈、入法介質的順序，也因此真正的神尊應該是紙紮來拜最好，但偏偏紙紮與土塑皆不易保存，所以退而求其三才來到了木雕神像，相反的要燒給神鬼先人的物品，紙紮是最方便的。

回到法力來看，法力從門派的師承、祖師爺的認可加上法師各自不斷的練習修練慢慢累積而來。

我們法界有流傳一句話「真訣不在書」，真正的訣竅是不會寫在書上的，更何況，絕大多數的符咒書，內容真假參雜，更多是圖文不符，A圖配B文，B文配C咒，咒語被增減錯置，甚至有封面與內容根本完全不相同，這些都是我長年累月大量看符咒書籍，才能有所發現，一般民眾根本難以去一一比對出真假，所以我敢說，沒有底子的人買一套符咒書回去讀及跟著畫，一輩子都不會懂，更別說畫符會有效力。

再來，盲目跟著書上的東西瞎用，沒有效果便罷，只是花錢當冤大頭還可以練練毛筆字，如果搞得走火入魔，引起不可收拾的後果那可就慘了，就像我們常說，買到假貨大不了就是一個裝飾品，買到半真不假、是神是鬼都不知道，那後續就很麻煩。

再問深一點，為什麼現在網路上有這麼多販賣符咒書的人呢？很簡單，有需求就有供給，既然網路上有這麼多人在賣，那表示有其市場，對於符咒有興趣的人、好奇的人，還是蠻多的。但是，我還是要再次強調，並不是買了書回去依樣畫葫蘆，就代表你會符咒了！

我當然不是怕你們學會了，我就要失業所以恐嚇寫這篇，如果你真的有興趣（就像我當年那樣）當然可以拜師學藝，要是不想學又想有符咒，那請與我聯絡，我直接畫給你。

我用招財符來比喻。

招財符很像是信徒藉由法師，向財神爺稟報的增加財運的公文，要有一定的書寫格式、有法力的用印、能與神佛天界溝通的話語等等，才有辦法畫好一張招財符之後燒掉，如同卷宗放到財神爺的辦公桌上，開始審閱求財者本身的努力程度與現在的財運狀態。

好，你搞懂之後，我要再說難一點點的。

長條型的符咒從上而下分成四個段落。

●**第一段稱之為「符頭」：**

奉某某主事符神，就是這一張符是請哪一位神明來做主？來管什麼事情？好比你要求身體健康，你不會請月老來幫忙。

●**第二段稱之為「勅令」：**

是道教符的密字，它用途就是號令。奉符頭所提到的這位神明的命令，來執行怎樣的任務。

●**第三段稱之為「符身」：**

就是要執行怎樣的動作與命令，這些內容就是寫在符身這裡。

●**第四段稱之為「符腳、符膽」：**

最下面的這部分可以視為，驅動整張符咒的驅動程式，法師會邊寫邊把帳號密碼一併填寫上去，有時會看到底下是一坨黑黑的，那也是法師故意塗黑不讓人看到帳密，也有人刻意簡化，不呈現出來。

而符咒本身的歷史其實相當久遠，在神話故事有這麼一段。

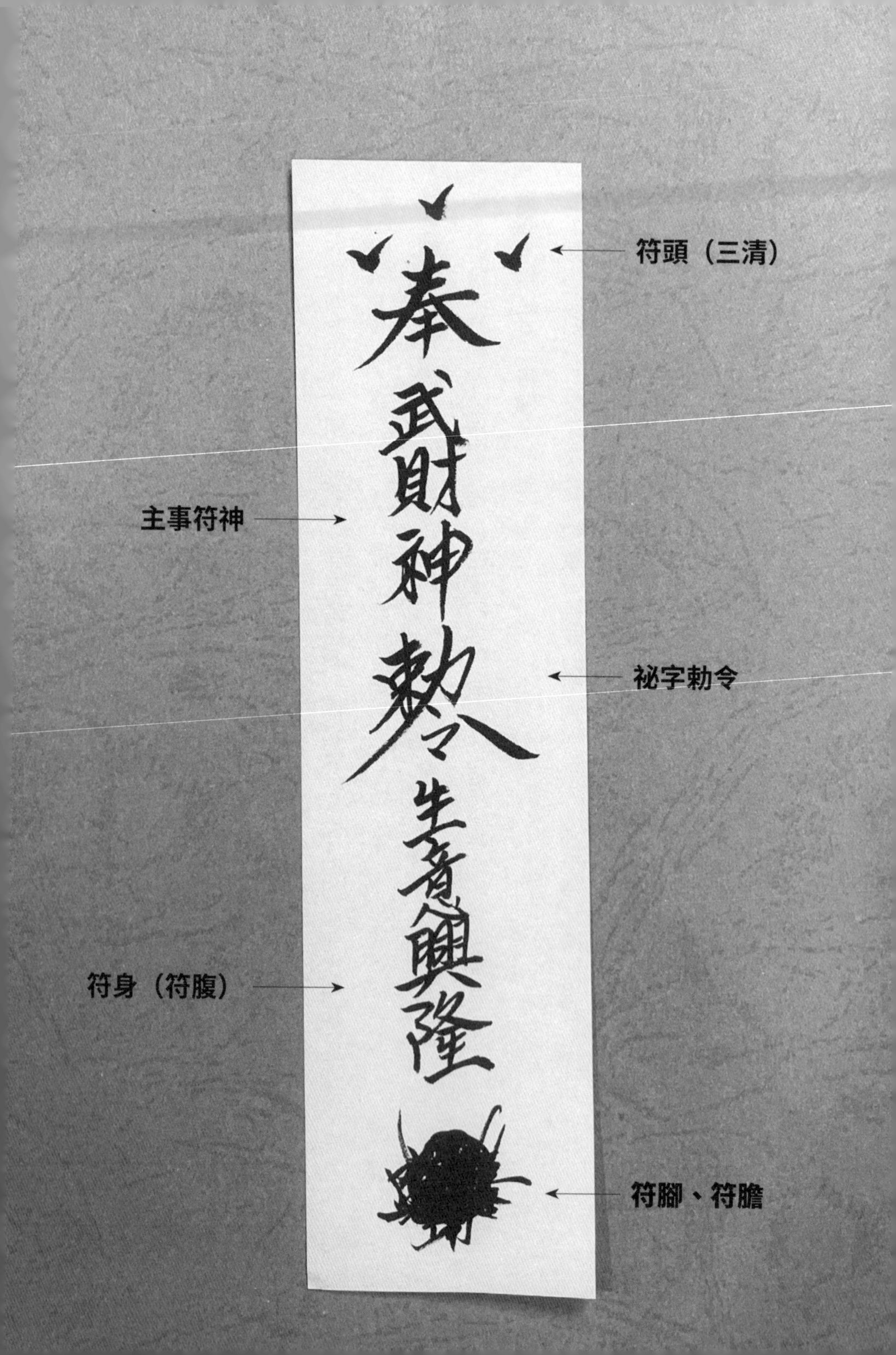
符頭（三清）
奉
武財神
主事符神
祕字勅令
生意興隆
符身（符腹）
符腳、符膽

道教符籙派的傳承，在文字以前的上古時代，就已經有符咒的存在，來自於西王母娘娘派了九天玄女當皇帝的家教，修「法術符」以及「行兵布陣」這幾堂課的學分，來幫助他戰勝蚩尤。

所以你說這龐大厚實的學問壓縮在一張符紙之上，怎可能是你鉛筆打打草稿、毛筆描一描就可以產生效果的（我還真看過有同業賣三腳蟾蜍附贈招財符，符咒一放大還有鉛筆沒有擦乾淨痕跡，這樣賣八千九百九十九元一組）。

很多行業看似簡單，但能留存千年必然有它的道理，在不了解的情況下不要用自己的觀點去說嘴，就像你說廚師不過就是把食物都丟進電鍋灑調味料煮熟就好，只會引發眾人一笑。

符咒師也是一樣的意思。

**#大家好，我是三龍法師**

**#符咒真訣真的沒有想像得容易**

# 敕令〇〇〇

# 符咒要充電？

我是三龍法師，符咒並不是永久性的，罐頭都有保存期限了。

我家附近的馬路上，有間我常去買的便當店，排骨很肥很厚又很嫩，老婆則愛吃他們的烤雞腿，每次去買在等結帳時，看到店家貼在收銀機正上方的玻璃有張招財符，三分之一處已經裂開來用大型透明膠帶貼著，總有根刺卡在喉嚨想說卻不知怎麼開口。

每次載女兒去鋼琴班補習時，都會把車停在附近一間超市，剛好去買個生活用品，總會看到一臺停在角落的超市貨車，貨車的擋風玻璃上貼了一張平安符，經過太陽曝曬許久已經褪色發白；又或是去朋友家，看到他們家貼在門上的擋煞符，都有上述因為時間刮拭，讓黃色符紙變淡、碰水褪色甚至出現裂痕破掉，我心裡一直想對便當店老闆娘、貨車司機、我的好朋友說：

「這些符……已經沒有用了。」

尷尬的是我本身就是符咒師，跟人家說符咒沒用好像在推銷自己的符咒有用，再看人家老闆娘錢賺很多、貨車司機平平安安、我朋友買了第二間房，所以想想還是算了。

以這樣的狀況來看，一張符咒可以保存多久？效力又有多久？坦白說，沒有一個標準答案，畢竟符咒上面不會顯示電量表，但以我的認知正常的使用下是，頂多三百六十五天，新的一年就要更新，而且不同的符咒，不同的使用方式，不同的目的功能，都有不同的時效性。這邊我舉魅力符為例。

所謂的魅力符有點類似人緣符，不過更加精準一點是針對「異性、短期且強而有力」的效果，增加吸引力、魅力，並不等同於招來的戀情會開花結果，對於這樣速食愛情的需求，你們應該猜到了，最主要的就是八大行業的小姐來求為主，跟豬哥符又有點不同，豬哥符是更直接一點的。

我有一個客戶，二十五歲（現在應該三十歲）在高雄酒店上班，有小迪麗熱巴的稱號，酒量不錯跟客人聊天也大方，但業績總是不好，一開始還可以說是菜鳥慢慢來，但都一年過了，總上不了休息室白板的週排行榜，漸漸連晚輩對她說話都不客氣。

後來經由朋友的推薦找上我，我跟她說要不先試試魅力符（因為她也不想做S）[1]，回家浴缸放滿水，把符化在水中並搭配花瓣泡澡，如果家裡沒浴缸就燒在桶子一樣灑花瓣，然後用淋的。

當然她一樣認真上班，業績開始好轉並且有客人會送手鍊、包包，甚至一個月拿到三支同款iPhone手機，這邊小爆料，為何很多小姐會要求送iPhone？因為很好脫手變現，並且要求相同的手機型號跟顏色，遇到恩客就可以說：

「陳董，這是你買給我的喔，我都有在用。」其實是黃董送的。

回到魅力符，當然這樣的效果並不是永久，像香水，如果你一個月上班二十天跟上班十天，那麼魅力符的香味消耗自然會有差，以手機電量來比喻，你待機狀態跟一直滑手機，兩者的耗電量就不同，以這位小姐來說，她算了一下業績起伏的數字，抓一個月差不多要用一—二張魅力符，然後一次跟我買十張庫存，當然沒有買十送一的優惠，如果是年終、發薪的日子，又會多追加個幾張，因為這時間普遍是酒店生意好的時候。

好，那以常見的招財符、平安符來說，靜止不動貼在那邊或是摺好放在身上的，屬於緩慢持續釋放能量，建議一年要寄回來讓我加持充電，但像錯別字身上隨身攜帶我給他的「五雷令護身符」，他就不是一年回來一次，因為他的工作會大量的去鬼屋、廢墟、墓地找題材採訪，那裡陰氣重，符咒釋放的能量自然就會很快，他就抓三個月、半年，會來跟我請一張新的攜帶。

所以，這些符咒如果是一直放著沒動作，久了真的就是一張裝飾符而已，那我上面還有提到，符咒只要有褪色、破損甚至碰到水，基本上就失效了，這邊說一個真實故事。

我有位客戶叫馬修，幾年前升官又存了一筆錢，加上業界打滾久了也累積一點口

1 做S，在酒店的術語就是，公關與客人私下「發生關係的交易」。

碑，就出來開工作室，買了一間新北市板橋的中古屋，但住進去之後工作反而一直不順，起初他想創業本來就是如此，所以咬著牙繼續苦撐，但都一年過去了，很多案子都是談到快成，忽然來一個意外就被流標。

有一次是一對夫妻買新房子找馬修來做室內設計，結果老公付好訂金才發現老婆外遇，一氣之下房子賣了不做了；還有一次是兩個男生要開一間咖啡廳，一樣訂金付給馬修要準備開工，忽然房東說要收回房子給兒子住，違約金直接給那兩個男生，搞得馬修又做白工。

自己做室內設計的，風水一定多少懂一點，他看自己房子本身沒問題怎麼可能衰成這樣，後來是找了風水師來看（聽說不便宜，六萬元看一次），直接點名馬修工作室外剛好有座橋，叫做攔腰煞，會把運勢剪一半，做事也會半途失敗，要買一個山海鎮來處理要再加六萬，馬修實在付不出來，輾轉之下找上我。

我可以說是做口碑又便宜大碗嗎？我是給他一塊八卦鏡並在後面貼了一張擋煞符，我有強調記得要用透明塑膠袋封死不能沾到雨水，還真的馬修的工作沒有再攔腰被截斷，我有說這符咒一年一定要換一次，但沒想到不到半年馬修就找上我。

「一年啊，現在還不用換啦。」
「三龍法師，要啦，因爲符咒……」
「喔，被雨水弄破了喔，還是沒封好潮溼了？」
「不是啦，被鳥啄破了又進水了，我最近工作又不順，馬上跑去外面看八卦鏡，才發現的，哈哈哈……」

這間房子真的很跟馬修做對。

所以你說，這樣的巧合還會把符咒當成心理作用嗎？很多時候真的不得不信符咒有它的威力在，回到一開始所說，當符咒有任何破損，就不用等到一年了，所有電力都從破掉的地方漏光光了，趕快換一張吧。

**#我是三龍法師**
**#符咒並不是永久性的**
**#罐頭都有保存期限了**

肆

# 命理師是不是短命？

我是三龍法師，有時會聽到朋友問，命理師是不是短命？會有這樣的說法，是因為我們所做的事情，是在改變人類命運又或在洩天機，所以天自然要把人間的攪局者一一挑出來先進行回收，至於是不是這樣，我先說個故事給你聽，說完再回答這個問題。

某一天，我朋友的弟弟直接到我家的道場拜訪我，基本上我不太跟客戶面對面，有事都以LINE或是電話溝通，但因為朋友的弟弟知道我家在哪，而且人家都親自跑來一趟，我也不好意思趕他走（雖然覺得沒有先約就跑來實在很沒禮貌），意思意思點了外送飲料就跟他坐著聊聊。

他叫阿旺，在工地工作，穿著廟會的衣服跟帽子，臉上有著粗糙的紋路與鬍渣，牙齒縫有很多檳榔渣，無疑展現在地男子漢的形象，雖然開口閉口夾雜問候我媽媽的字眼，但叫到我都稱呼「老師老師」也算客氣，兜了一個圈始終沒說此趟目的，直到我開口問：

「阿旺，你是有什麼想請我幫忙的嗎？」

「安捏啦……老師啊，我是希望喔……你幫我把女友挽回啦……」

原來阿旺女友對他忽冷忽熱，看得出這鐵漢柔情難為情地拜託我幫忙，但我越聽越覺得奇怪。

「你說……你跟女友沒見過面？」

「丟啦[2]，我們都用LINE聊天。」

2 台語，「是」的意思。

「嗯——沒見過面？也沒說過電話？那看過本人嗎？」

「有啦，沒看過怎麼算交往，哩跨[3]。」

阿旺滑了一下手機，找出一張雪白肌膚、長髮即肩的女孩，但光看她手上捏著的小香包，我又問了一次阿旺說：

「你說……她是做看護的？」

「丟啦，我女友是從越南來台灣當看護，很認眞欸，但存錢比較辛苦啦。」

「你知道她手上這包包多少錢嗎？」

「不便宜啦，幾萬塊吧，啊就我每個月匯款給她六千元，她慢慢存的啦，老師，有沒有辦法挽回我女友啊？」

我實在不忍直說，只好拐彎說起照片，這女孩跟你口中的女友完全吻合不起來，說完我很熟練把這照片丟到了Google圖片搜尋，馬上找到是中國大陸的一位女星，我給阿旺看，這是一場騙局（過去我處理過至少五起），沒想到阿旺看了電腦的照片，又看了看他手機，想了很久，一手拿過手搖飲一飲而盡才開口：

「那老師……可不可以讓照片這女生跟我交往啊？我真的很愛她啊！」

我不知道是阿旺傻了還是我傻了，他到底愛誰自己都不知道，我再跟他勸說，這時候要非常小心，顧及他已經崩潰的心情，也要小心他那扛水泥的手臂一揮拳我可能少半條命。

我告訴他光憑一張照片、一個名字，就算你真的要到了這女星的八字，也不可能有法術就這樣讓她愛上你，要是這樣月老早下凡拿紅線勒死我了，我反而導向求桃花，讓自己的桃花魅力展開，吸引到適合自己的對象，勸說的過程阿旺一句話都沒說，靜靜聽

3 台語，「你看」的意思。

著，其中又拿了一次喝空的飲料瓶，吸了吸冰塊融化的水，發出西哩蘇嚕的聲音，終於他抬頭跟我說：

「×！神棍就是神棍啦，沒用幫不了我就說不行啦，全天下不是只有你這個老師啦。」

就這樣，他在我客廳跟神桌面前臭罵一堆髒話，但他只敢動嘴而已，我也只能笑笑地說那請回吧，我能力有限，他邊罵邊起身，邊走出門口還再罵，上了機車不戴安全帽繼續罵幾句，才騎走，甚至回到家只要我在臉書PO文，他都可以在底下留言罵我，除了封鎖他，我別無選擇。

這也是我不喜歡跟客戶面對面的原因之一。

當然，我朋友事後跟我道歉，說他弟弟被詐騙，著魔似地一直匯款，全家怎麼勸都沒有用，他沒想到弟弟會跑到我這亂發飆，並說改天約出來請我吃飯賠不是，我看他一家人都被這弟弟弄得烏煙瘴氣，只有他自己沉浸在桃花源裡。

好，這個故事只是我工作的其中一起，每個月平均會遇到兩、三個類似的病患，完全不認為自己有問題，反而不停對我無理取鬧，我能如此冷靜地苦笑送客，都是一次又一次壓抑下擠出的笑容。

此外，還遇過生命極為悲慘，充滿負面能量的信徒，好比被老公家暴，女兒還被老公性侵的（後來警方跟社會局有介入）、始終不簽字離婚還想挽回老公求合和符的太太，每次都要哭訴一小時才下單（跟錯別字口述故事前一天才又打來哭）、爸媽臥病在床還要撫養小孩的單親媽媽希望求招財符（這個後來還不錯，有中了幾百萬）等等。

這些都是我最近接觸的案例，也就是說我不是在處理神經病，就是處理很黑暗的社會面。

請問，每天這樣接受負能量還可以長命百歲，不是很奇怪嗎？畢竟「窮算命、富燒香」，有很多有錢老闆確實會找我持續辦法會，但不會有太多接觸，深入接觸的往往都是有求於我們苦難的人，在我幫忙的同時也必須一起扛起他們的重擔。

但並不是只有法師很偉大，偉大的還有殯葬業、命案清潔師、大體修復師、軍警醫護人員等等，在我接觸的朋友之中，很多都是身心靈面對很大的衝擊還咬牙繼續的工作，如一起撰寫這本書的錯別字，本名叫賴正鎧，現在是位主播之前是社會記者，他也是要天天面對社會底層的真實面，所以說短命是洩天機，不如說是我們扛了很多無形的壓力。

所以我們法師在幫忙淨化世界的負磁場，帶給更多人陽光面的能量，老天爺還要減我們的壽，怎麼想邏輯都不通，如果你說一些法師、算命師洩天機斂財騙色被減壽，我還覺得合情合理。

另外，慶幸的是，當我面對像阿旺這樣的案子，都會說給錯別字聽，轉變成他筆下的故事，笑一笑之後也算是一種調劑。

**#我是三龍法師**

**#所以命理師不會短命**

**#只是很苦命**

## 陰廟跟鬼到底能不能拜？

我是三龍法師，陰廟跟鬼到底能不能拜？

在說這之前，我先跟你們聊聊新北市土城的大墓公。

有在追蹤我的粉絲團，應該有發現我只要北上處理客戶，有空就一定會去拜大墓公，先說我可沒認識大墓公的主委還是誰，沒有在幫他們業配。

故事要從二〇一八年八月五日說起，我因為參加「台灣省堪輿命理協會」的會議，而前往土城區的某餐廳，為什麼我連昨天吃什麼都會想不起來的金魚腦，會把日期記這麼清楚？當然是拜臉書的打卡動態所賜，查詢起來方便多了。

以我一個生長在台南的人而言，台北、新北很多區域我是陌生到搞不清楚方向的，導航到了台北就變路癡，那一天來到土城區，直覺想到之前看過一篇關於土城大墓公的報導，有許多靈驗故事，甚至有報導指稱為「全台最富有的陰廟」，坐擁整片山頭，擁有龐大土地，廟產號稱超過五十億。另外，我記地區會以廟來記，好比你說你住在台北市松山區，我說我不知道；你又說饒河街慈祐宮，我就知道你住哪了。

那麼當天，我就打開手機地圖查一下土城大墓公的位置，很訝異的，居然離我們開會聚餐的餐廳步行只要七分鐘，所以決定宴席結束之後，繞過去拜拜一下。

完全是臨時起意，也沒有什麼刻意為之。我本來就是個喜歡逛廟的人，抱持著平常走訪名勝廟宇的心情，去走走看看，交個朋友。而既然號稱全台最有錢的陰廟，還有許多靈驗的事蹟故事，那我想既然都有緣來到這裡，不如也來試試看，體驗一下大墓公的靈力如何吧！

剛好，我包包裡帶著一組「發兵開財路符」，所謂發兵開財路符，其實是一組兩張的符令，包含了發兵與開財路兩個項目，發兵指的是發動兵馬來執行任務，開財路則是開啟財源、拓展招財門路之意，簡單說，就是發個公文，請廟裡的神鬼好朋友們，來支援行使替我們招財的任務。隨後我許了一個很具體的願，就是以月收入來衡量，只要這個月收入達到某個數字以上，我就會來答謝，當然這個數字，會定得比平常收入的金額起伏範圍再略高一些，這樣才好判定是不是真的有效果嘛！

隔了一個月，我就回去還願了。

第一次的接觸感應，大墓公就這麼給力，比約定好的金額還高出一些，如此義氣相挺，咱絕對也是個講信用的人，約定好該還願的禮數，是絕對不能少的。

既然這麼威，當然也趁此機會除了還上次的願以外，再繼續約定許下一次新的願望目標，我這人不會很貪心，所以我也不會許那種什麼天降橫財，也不會因為大墓公好兄弟們相挺，就獅子大開口胡亂要求，於是也就基於上次談的內容下去跟大墓公重新約定新的願，但由於大墓公有多給，因此我也想略盡一點心意，於是就跟大墓公的先人們說，我會在網路上幫祂們做點介紹，讓更多人可以認識祂們，甚至如果有機會在節目上採訪曝光的話，我也是很樂意的，但是，我有講清楚，電視節目的題材做與不做，決定權並不在我（在錯別字身上），我只是一個小小的受訪者而已。

談好條件，做好新的約定，燒完符令之後，一回來我一有空就把我自己能掌握的部分先開始做起，在網路上發發文，而這次感應速度也來得很快，我九月十二日去的，距離九月結算也不過半個月左右，在還沒九月底就已經超過原本約定的數字了。而電視節目採訪的部分，我也確實有試著推薦做大墓公的題材，而其中一位時任中天新聞《神秘52區》的專題新聞記者賴正鎧先生，也就是本書的作者—錯別字。

不過起初，推薦大墓公上節目這回事卻不怎麼順利，可能是因為大墓公本身已經相當知名了，所以相關的題材已經做過好幾次，如果沒有新的切入點或者時事話題，通常已經做過的題目，不太會再重複使用，所以紛紛都被打槍。

我只好默默跟大墓公說：「我網路能夠發文的部分，我做了唷，電視節目的部分祢們也看到啦，不是我不推嘛，是節目方面不接受，我也沒辦法啊！不然，祢們自己想辦法去讓他們來嘛。」

不久，我接到錯別字的電話，本來《神秘52區》預定要做一個企劃，很難得的機會能夠爭取到出國去沖繩做外景，機票都買好了，也都安排好所有的事情了，結果突然來了個颱風，飛機停飛，原定的節目內容要開天窗啦，得想辦法緊急弄個題目來救火。於是……

二〇一八年十月一日，我們在就大墓公拍攝了一集節目，雖然內容跟大墓公沒有很直接的關係，只是借了大墓公的空間跟場景訪問，並取一些畫面做為相關的素材，但就結果論，確實也算是完成了這項約定，而這過程的離奇轉折與時間點的精準，應該很難用巧合二字來帶過吧。

時至二〇二三年的現在，我依然都還要找時間去還願拜拜，換言之，大墓公跟我約定的事項，可不是只靈驗個一兩次而已，而是這幾年來，一直都持續有達標喔！

這邊來簡單介紹一下大墓公的背景，要真的細說恐怕都可以出一本書。

說起大墓公要先提到一個地點「擺接堡」，這是平埔族的番社名，其範圍就是現在新北市的板橋、土城和中和，在一七八六年發生了林爽文事件，那擺接堡是戰場之一，這可不是現在八十九[4]拿信號彈、西瓜刀這樣揮一揮而已，當時可是刀刀見骨、屍橫遍野，街道兩旁或是空地都是屍骸斷肢，但偏偏受難者家屬畏懼朝廷壓力，不敢去收屍，誰敢收屍誰處死，所以只能讓屍體在野外腐爛長蛆生蠅或是被土虱啃食，所以流傳一句

4 「八嘎囧」的諧音，是「八家將」的意思，因為台灣部份的八家將組織和黑道有連結，所以「八十九」會指「流氓」、「社會亂源」。

「土虱好吃，死人骨頭沒那麼多」的俗諺。

但這也不是辦法，一拖拖到三年後，地方上有頭有臉的人上朝廷找官員們喝喝茶，懇求安葬一下，再怎樣三年都過去了，朝廷才點點頭，鄉民將遍地白骨通通集中起來蓋了一個大墓，清朝也賜詞「恩奉獻札諭埋葬、難民萬善同歸墓」，並頒「義塚」之名，這就是最早的大墓公。

所以你說，祂是不是最陰的陰廟，據估計埋了千餘人的屍體，以陰廟而言，大墓公的廟體算是相當具有規模的，也有許多特色讓我蠻驚豔的，隨手拍了不少照片，當作資料紀錄與素材。而由於廟體規模大，通風採光良好，雖然有廟中墓，整體基本上沒有太陰森恐怖的氛圍，但還是會有人說：

「老師，你是法師欸，怎麼去拜鬼啦！」

這個問題，還有怎麼拜鬼？我想留給錯別字來問問，就進到下面的錯別字輕鬆（不正經）訪談時間吧！

## 民俗記者錯別字 VS 符咒師三龍法師

錯別字：×的，原來我要去日本沖繩採訪遇到颱風，是你跟大墓公的好兄弟們搞的鬼。

三龍法師：並不是這樣的，你不要做過多聯想，話說你應該有什麼問題要問我？

錯別字：也是，我們從小都被告知陰廟不要去、陰廟不要拜，但我看你拜得很順啊，怎麼回事？

三龍法師：首先我們要知道，何謂陰廟？像

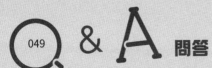

大墓公這間，就是因為戰亂械鬥之下的亡魂無法安息，所以集中起來祭拜，台灣不少陰廟皆是如此，又或是來台做生意發生船難的新北市十八王公廟，以及未嫁女子死後的姑娘廟等等，都是因為人民懼怕鬼鬧事，也有的是真的鬼在鬧事，所以蓋個廟來祭拜，所以初始來看人民對這間廟已經是害怕的，自然會告知小孩不要去拜。

陰廟被設立之初的用意就是要讓祂們有個遮風避雨的歸宿，以及可以有機會受到人間的香火奉祀，正所謂「鬼有所歸，乃不為厲」，祭祀的其中一個理由就是希望安撫這些亡靈，以免祂們變成厲鬼而作祟人間。所以蓋了陰廟卻叫人家不要拜，是挺矛盾的。

以民間的香火靈力觀念來說，反而缺少香火成為「冷廟」，才特別容易「發凶」呢！

你想想，你如果安居樂業，有得吃、有錢花，過爽爽你會想造反嗎？反之如果你沒得住、沒得吃、沒錢用，真的被逼到了，啥都幹得出來不是嗎？

基本上，如果你純粹只是去拜拜打招呼，沒有特別做什麼事或求什麼，祂們沒有理由去找你麻煩，比如說，你去孤兒院、收容所參訪，還捐點東西捐點錢，你認為他們正常會對你什麼態度？照理說都會很歡迎，對吧？沒道理你帶著善意去幫忙，然後裡面的不分青紅皂白圍毆搶劫你吧？還挾持你回去領贖金？如果真的做這種事情那這家應該也不用繼續經營了，違反遊戲規則是會被掃蕩的。而一般來講小孩子的抵抗力比較弱，天靈蓋還沒有合起來，有時候會對靈界或氣場比較敏感，而不舒服，被沖煞到，所以老一輩這樣說，還是有其道理的。

**錯別字：**但經過長年供奉，我有聽過不少陰廟保佑村民風調雨順，又或還有求子成功的，所以鬼基本上也都修練成神了吧。

**三龍法師：**對一半，確實不會作亂還會保佑，但是封為神是要經過神明的公家機關認可，這有點複雜，可以理解為地方的大廟神明擔保，招安、扶正的概念，透過擔保舉薦，把無照營業的陰廟鬼靈轉變成有牌許可的神靈，常見的有以改稱王爺、將軍、娘娘等等名稱，這屬於陰廟轉為陽廟，也就是鬼轉變成神的情況。

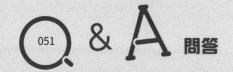

錯別字：重點是怎麼拜，我看你準備的東西就不一樣。

三龍法師：對！我所準備的是檳榔、高粱、菸，這些比較屬於兄弟們愛吃的東西，再來紙錢切記要準備銀紙，很多人不知道紙錢有分神明用的跟好兄弟用的，所以供品就要投其所好。

錯別字：供品、銀紙準備好了，接下來呢？

三龍法師：你所求的事情要具體，好比生意人求業績，那麼就該把正確數字說清楚，但最重要的是，你如何還願並且一定要還願。

錯別字：那我要怎麼知道，好兄弟知不知道？

三龍法師：好比你求這個月ＹＴ頻道《靈異錯別字》要點擊率破一百萬，然後你就還願一百塊，光是比例上就不太對了，你就要擲筊，看看大墓公的好兄弟們願不願意幫忙，如果祂們號召所有好兄弟，每晚都在看《靈異錯別字》，一個月後只拿到一百塊，你覺得祂們會給你什麼筊？

錯別字：笑筊！

三龍法師：答對了，所以你就要擲筊到對的，好比你開到一百塊的香油錢以及一千塊的菸、一千塊的酒、一千塊的檳榔、一千塊的銀紙，這說不定好兄弟就願意囉，那記得一定要回來還願，說到做到。

錯別字：如果沒有還願呢？

三龍法師：一般找神明不還願，那神明頂多算了，扣扣你的信用額度，下次再來求事情恐怕達成率就不高，又或是很久才達成。那麼好兄弟就不一樣了，你沒達成就直接找你聊聊，好比深夜時刻啊，睡覺作夢啊，這也是為什麼很多老一輩說不要拜陰廟，但不是嘛！你自己不守信用被鬼討公道，再跟小孩說鬼可怕，不對嘛。

錯別字：這感覺像是找一般神明是找警察，錢包被偷走了警察幫你找回來，雖然沒這麼即時但不用回報；同樣錢包被偷找黑道兄弟幫忙，很有效率但就是要說清楚酬勞怎麼算，沒給就真的會被登門拜訪。

三龍法師：有些事情，你求神明，祂不一定會幫你。比如說你求一些橫財、偏財，那所謂的正神基本上不會理你，或者要看你的功德福報到哪裡，上面是否批准之類的，又或者，從事的是比較偏門的行業，遊走在灰色地帶，有時候去拜正氣凜然的大神也是不太會相應的，反而去拜陰廟的好兄弟，還比較沒有嚴格的規範，如同你說的，有些事情找政府部門循正規管道可以處理，有些事情卻沒辦法，只好用社會的方式處理，但社會事就要按照社會的規矩，講信用是基本的道義。

我常說這些小廟、陰廟都是個體戶出來討生活，有時候不拚一點還真是不行，畢竟這社會很現實，要得香火？大部分的信徒只在乎靈驗與否，沒有那些大神大道的知名度加持，自己出來闖不大顯威靈一下，是很難混下去的，不然怎麼叫「有應公」？就是希望有求必應嘛！

那人家這麼拚去幫你完成一些有點風險甚至有點違規的任務，結果你成了願，拿了好處，卻不履行當時的承諾義務，咱們換個立場，將心比心，如果是你，你不會想去討回來你該拿的酬勞嗎？

**錯別字**：所以陰廟可以拜，重點是怎麼拜？怎麼還願？

**三龍法師**：沒錯。

## 勅令〇〇〇

# 求符除了自己要努力，心善正念很重要

我是三龍法師，我處理過一起因符咒而逐漸黑化的故事。

在還沒看這本書之前，一定很多人是怕看見符咒的，覺得有貼符的地方不是鬧鬼就是有殭屍，要不就是風水不好要化解，所以三龍法師才會說，可以的情況下把符放在畫的後面或是收銀機的裡面，藏起來是隱藏不必要的麻煩。

又或者有些符咒是害人的，讓人精神錯亂，要不引鬼靠近又或是封鎖好運等等，但我們要知道符咒本身是工具也是媒介，好壞都在使用者本身，就算一張好的符咒，使用者的心態不正確，好的符（福）氣也會變成致命的毒氣。

好，來說說故事，我沒記錯當時的總統還是馬英九，算一算也有十來年前，跟我請符的是在新北市當保險業務的筊筊。

她從南部北上工作，雖說住在親戚家省了一筆租屋費，但獨自北上拚命又寄人籬下還是很不容易的，加上一畢業就投入業務工作，菜鳥飛進社會叢林自然遍體鱗傷，有時組長逼業績的壓力，大到讓筊筊一撮又一撮的頭髮掉不停。

當初我在網路上發了一篇「業績符咒」的相關文章，轉載到她的臉書頁面上，姑且一試的心態她私訊詢問，她告訴我文章的邏輯合理，買一張符投資自己看看。

兩個月後，她私訊告訴我：

「三龍法師，我進公司到現在，第一次業績達標欸。」

白板上出現了兩個筊筊，一個是成長幅度第一名、一個是業績達標前三名，眾人對她拍手的響聲成了她最強的動力。

當然新人努力一陣子，所有工作駕輕就熟勢必成績隨之而來，不過筊筊依舊相信，符咒一定有發揮了它的效果，所以又跟我下單買了兩張，一張業績符、一張土地公招財符。

就這樣，筠筠成了我的固定客，不單單是求跟工作財運有關的符咒，事業穩定之後也開始求桃花，我告訴她把桃花符捲起來找個會開花的植物盆栽種下去，半年過後戀情會開花結果。後來在一次開大會時她認識了別間分公司的主管，開始穩定交往到結婚，生了個兒子還送我一盒油飯，求子的部分就跟我無關了，但從她出社會到結婚生子，每個階段我幾乎都有參與到。

可想而知，當了媽的筠筠來求符也是求安魂定魄，讓小孩好好睡覺或是平安健康等等的符咒，事業求財是持續都有的，但奇怪的事情出現了。

她來跟我求桃花符，我自然納悶的提問，她慢慢解釋給我聽：

「三龍老師，我的工作無論男女都是我的客戶，以前我還可以用單身女孩的身分拉業績，現在都當媽了，眞的很多男客户都跑掉，帶小孩也很難再應酬開發新客户啦，只是想要拓展男客户，所以買桃花符。」

我想想也有道理，反正她已經是我求符的金鑽級客戶，我解釋一下改畫一張「釋放魅力的桃花符」過去，而她似乎業績真有起色，筠筠求魅力符的頻率越來越高，甚至我舉辦科儀法會她參加的願望也是跟感情有關，這讓我有點起疑。

過一陣子，她改跟我求和合符、離家調回符，第一直覺是她老公外遇嗎？但她來求復合的對象並非她老公，這點我要補充，不是我八卦而是在筠筠剛結婚時也有拿她老公的名字八字給我對對看，夫妻倆還一起做過「上元節補財庫法會」，而且她老公姓氏不常見，所以我才會有印象，而且還有一個原因，筠筠求的和合符，有兩個男人的名字。

這下我心裡知道又是一起三角戀的問題，但我也沒點破，只說和合符沒有這樣求兩個人的，你要仔細想想。

「你有孩子了，你要跟誰走下去！」

沒想到我話剛說完，筠筠就打電話過來哭到不行，把所有始末一一告訴我，也不管我要不要聽，沒辦法，法師很多時候也要擔任心理諮商師。

筠筠一開始跟老公結婚生子確實很美滿，但為了業績她大量使用魅力桃花符，確實也讓她殺出一片血路，開拓不少男性客戶取得不錯的業績表現，當筠筠獲得所有人肯定時，唯獨她老公不滿意，畢竟每個禮拜都要跟男客戶單獨喝酒應酬，哪個老公受得了。

果然在這過程中，筠筠與一位有婦之夫談保險談到了床上，不過男方很快的恢復理智踩了煞車，可是筠筠已經斷了理智一頭栽進對方懷裡，而老公也因為筠筠忽冷忽熱，夫妻常常大吵，最終提出離婚還要爭奪孩子的撫養權，筠筠也不想放手，才會有錯亂的求符過程。也不知道是好是壞，筠筠的老公並不知道老婆外遇的事情，我也只能勸不要再跟小王繼續下去，說了兩個半小時的電話，筠筠說聲謝謝並答應會好好想想。

但幾天之後，又求了希望挽回小王的符咒，而我也婉拒要她別再買了，之後就沒有她的消息，臉書也關掉了，過了好久總統都換成蔡英文了，又從臉書看到筠筠的消息，已經離婚也跳槽到別間保險公司，我只能默默按個讚。

類似的故事很多，我只是挑了一個來跟大家聊聊。

之前我一直強調，所有符咒是輔助、是保養品，你自己要努力維持該有的運作，符咒的加持才會有效果，確實筠筠很努力的工作，符咒也給予了很強大的助力，但這邊也要跟大家說：「你心中的正念不能跑掉。」

符咒並不是畫好之後就把一尊神明請到符紙上，一開始說了符咒是個工具媒介，最主要的發揮還是在使用者本身，桃花符能夠提升異性緣，筠筠確實也這樣認識了她的老公，牽手走進婚姻。

我再跟大家聊聊養小鬼，比較極端一點的例子。

沒有直指泰國宗教的古曼童或是陰牌，在道教裡面也有養小鬼的存在，我要說的是養了小鬼在合理的情況下，小鬼是能夠完成每位信徒（法師）的願望，但是人的心會因為慾望越變越貪婪。

這個月小鬼幫忙，你也在努力之下，五十萬的收入進帳，下個月膨脹到七十萬隨後破百萬，這時人心和價值觀開始動搖，把持不住拿錢豪賭買股票輸光，然後受到打擊太大，上吊輕生，等人來收屍發現房間養小鬼，朋友就開始說：

「林董養小鬼遭反噬啦，小鬼好可怕啊！」

小鬼心理一定在罵髒話：「×！上次林董求百萬我就給他笑筊了，我說我辦不到，但他貪念太重跑去買股票，最後賠光光要上吊我也沒去推他，人死了就怪我反噬？」

真正魔化的是人心的扭曲，但往往我們會怪罪工具使然。

我是位法師好比是位刀匠，我打出來的刀放在醫生手上是救人，放在八十九手上是砍人，這都不是刀匠能夠決定的，要害怕的也不是刀子本身。

**#我是三龍法師**

**#求符之前除了自己要努力**

**#心善正念也很重要**

## 參 棘手的三角戀，不是一張符就可以解決

我是三龍法師，三角戀的問題往往棘手，但這一則故事是我處理過最棘手的。

有一天，一位男信徒私訊我（姑且叫他阿男），跟我求張「和合符」，希望挽回在小吃店上班的女友（姑且叫她Mary），問答之際得知Mary來自越南，所謂的小吃攤不是賣滷肉飯、貢丸湯，是越吃越往床上躺，而所謂的「女友」頭銜恐怕是Mary逢場作戲的手段，聽完我先勸退阿男，但阿男堅持彼此是男女朋友關係，只是最近越來越冷淡，因此希望求一張「和合符」挽回女友就好，最終我還是畫了一張寄給他，並再次提醒：

「這段感情恐怕不單純，不是一張符就可以解決。」

結果這句話我起碼說了六、七次，因為阿男每個月都會找我求符六、七次，一求求了超過半年，每次我都會告訴他適可而止，但就像香菸盒上勸退癮君子的標語，效用不大，而阿男也說符咒有用，每次一燒女友就會回頭，我也沒理由不畫給對方。

阿男故事暫停，再說另一則故事。

有天，一位女信徒私訊我（姑且叫她阿女），她跟我求張「和合符」，希望挽回忽冷忽熱的老公，案情很單純，我毫不猶豫畫了一張給她，也再次提醒：

「夫妻感情還是要溝通培養，不是一張符就可以解決。」

結果這句話我起碼說了六、七次，因為阿女每個月都會找我求符六、七次，一求求了超過半年。

半年的時間讓我對阿男、阿女和Mary這三個人的名字有點印象，怎麼覺得哪裡怪怪的，有天我把這三個人的名字寫在紙上對照一看。

阿男的老婆是阿女，阿男劈腿的小三是Mary。

實在不能怪我怎麼沒發現，我一個月起碼要處理超過百起案件，電腦都要輸入關鍵字才會查到客戶名字，更何況人腦怎麼可能會馬上發現啦！得知真相後我很為難，阿男一直當火山孝子，Mary一直把阿男當「盼仔」，阿女則一直希望挽回偷吃的老公阿男，看了一下對話紀錄，這樣的關係也維持了快一年，我的符咒也互打了快一年！

我該不該說出來？那要跟阿男說還是跟阿女說？還是我不要說，不要介入別人感情？但最終良心驅使我找向阿男直接攤牌。

「男哥，過問一下，你有老婆嗎？」

「沒……沒有啊，一直都沒有啊，就是女友Mary而已，老師，我一開始有說啊。」

阿男顯得有點警戒。

「嗯——我最近比對到一筆案子，女生叫〇〇〇，她想跟老公復合，而她老公的名字、出生年月日，甚至和合符寄過去的地址，都跟你一模一樣欸，你說巧不巧？」

阿男這下傻了，沒想到老婆也找上法師，還找上同一個，安靜一陣子之後阿男才坦白自己外遇，想追求Mary同時也想把老婆甩掉，我則是勸阿男，你老婆希望跟你重修舊好，她才是你真的該花心思的對象。但他也反駁解釋著，對於這段婚姻有許多不滿與壓力，對老婆已經沒有愛情，相敬如「冰」等等，解釋到最後有點惱羞成怒的激動。

果然我不該多嘴，阿男聽完沒有謝謝反而警告我別多管閒事，之後阿男就再也沒找我求符了，而阿女下一次求符時我沒多說什麼，因為保護客戶個資是基本道德，但同時我也勸說有些感情不能勉強，之後也沒再接阿女的單。

至於之後的他們怎麼了我並不知道，但也大概猜得到。

很多老師甚至前輩有說，求符者本身存在著很多盲點，是我們符咒師難以通盤了解的，只要不是傷天害理，就單純一點求什麼符就給什麼符，但關鍵在於傷天害理的標準在哪裡？

也許我的標準很低，我認為每個人都想追求對自己想要或需要的事情，也算不上什麼傷天害理吧？阿女希望自己的老公回來顧家庭，沒什麼毛病啊，阿男想要離開感情失和的家庭，追求自己認為的真愛，雖有道德法律上的瑕疵，也不算無法理解啊，Mary錯了嗎？她的工作職業就是如此，販賣的就是一份曖昧，沒有火山孝子們的追求與喜愛，她怎麼過日子？

其實所謂的黑白對錯，站在不同的角色立場，可能有不同標準的衡量判斷。尤其在感情的世界裡，誰對誰錯、誰欠誰多還真難釐清。

我如果不說破，或許我可以雙頭接案，兩邊賺；結果說破了，反而兩邊空。請問讀者看官如果是你，你會怎麼取捨呢？

要說傷天害理四字，我認為這案子中的各方其實都不符合。但兩邊接案，自己打自己，神明兵將到底要幫哪一邊？而他們現在執著想要的點，真的是對他們的人生是正面的嗎？

我不知道這樣的決定是不是很傻，有錢不賺，不知道在堅持個什麼，不過放下這個案子，我心理舒服多了，不再需要背負矛盾的心理壓力，我也相信自己不賺這筆錢日子還是可以好好過。

有時候，當事人當下想要的，未必是真的最好的、合適的答案，分開就是不幸嗎？
未必吧！

**#大家好，我是三龍法師**

**#三角戀的感情問題往往都很棘手**

**#這是我處理過棘手而且矛盾的一件，但不會是最後一起**

【第二章】

# 求財系列

# 旺店符

二〇一九年底，新聞說起武漢蝙蝠煽動翅膀，吹起一陣世界病毒的颶風，許多店家被吹得東倒西歪，許多人還因此倒下，但你相信有人因為一張符，不單挺過倒閉危機還賺大錢嗎？

接下來我會以第一人稱的方式，改編真實故事說給你聽。

**#大家好，我是鳥哥**

**#在台南經營一間牛排館**

平常我除了煎牛排、監管廚師煎牛排，剩餘時間就是玩樂團、彈BASS，生活上沒啥大災大難，平平穩穩到了二〇二〇年底。

那時武漢誕生的不速之客，伴隨死神揮舞鐮刀收割世界靈魂，台灣很幸運還沒被掃到，偶爾幾個零星個案和境外移入，幫陳時中拍拍手大讚防疫，然後繼續去餐廳吃飯，過正常生活。

可是我已經聞到危機的味道，因為我是緊張大師。

緊張是有憑有據的，我請會計查一下帳本發現，營收有下滑趨勢，也就是說平常看起來客人不斷，其實水底下已慢慢在減慢，外來客變少只剩左鄰右舍。

我當時就跟團友——三龍法師求助，對！他是法師，但他是我們樂團的吉他手。

練團時，我一直跟三龍訴苦：

「病毒是遲早會來到台灣的，到時我做吃的（生意）一定影響。」

「做好消毒就好啦，我們先練，練完再聊。」

「先別練！你們聽我說，現在我的店營收變少，不管是旅行的遊客，還是年輕人意識到不敢在店內用餐，病毒都還沒進來喔，台灣就這樣了欸。」

「是差多少？好啦，練習室有時間的，先練啦！」

「不要練！你們聽我說，之前月收有三十（萬），現在掉一半。」

最後我跟三龍要「招財符」讓我生意變好，三龍說我閉嘴練團就畫給我，但等寄來之後一看，不像「招財符」，說明書（對，三龍還會附一張使用說明）說這是一張「旺店符」，說可以守住營業額。

我打去問，沒聽過「旺店符」，這到底是什麼？

三龍解釋我不是缺錢，是希望牛排館的收益不被影響（或是更好），旺店符就是能運轉店內能量。

我忍不住打斷「你聽我說，給我招財符就好了啦！龍哥，什麼旺店符，還有一堆使用規則的，你聽我說……」

三龍又叫我閉嘴！也懶得解釋。

最後「旺店符」總共有兩張，一張，放在收銀機裡，另一張，要燒在店門口，但因為燒符被鄰居看到會感覺怪怪的，所以我是半夜的時候起來燒。

結果燒完，疫情也跟著燒起來，而疫苗始終沒有下落，我一方面告訴大家，我這神算大師說對了吧，另一方面又變成緊張大師，想說怎麼辦，店裡生意是一落千丈，完全沒有客人敢來吃，真的不誇張一個禮拜沒有來一個。

「龍哥救救我，我符燒了但沒用啊。」

「哪有這麼快，讓符咒飛一會兒。」

「你聽我說，牛排館的客人是要到店裡面消費，我才有錢，龍哥你的客人是打電話、傳LINE給你，你把符咒寄到他們家就有錢，你不會受到疫情影響，我會啊。」

「嗯——」龍哥想了一下「那鳥哥，那你就把牛排送到客人家啊！」

我聽他這麼說，還真有道理。

想想當時我們這一帶的餐廳，沒什麼人搞外送，老人家都走出來散步兼吃午、晚餐，於是我決定開始搞外送服務，第一個月生意馬上變好，回到之前的水準（月營業額快三十萬），結果二〇二一年一月十一日，部桃群聚感染事件[5]開始，到了一月二十九日，台灣相隔二百六十三天再度出現死亡個案。

死人了，台灣人這下怕了，到了五月直接升到三級警戒，停班停課，各行各業（包括有小孩的家長）叫苦連天，餐飲業更是這波的重災戶，但奇蹟的是，我在這一連串過程沒受影響！

原本我就超前部署外送服務，疫情爆發後出現「宅經濟」，大家開始用手機叫外送到家，這時連熊貓foodpanda跟Uber Eats都找上我，每個月賺得比之前要來得更多。

我信了，符是真的有用，整條還活著的餐廳也跟我一樣搞起外送，但我想得更遠，我每天看新聞了解疫情變化，大家不知道記不記得，有陣子專家研究病毒會在紙箱、塑膠袋、空氣中殘留數小時甚至數日，我覺得這一定也影響到我的外送，所以我教育員工，餐點要打死結，並在塑膠袋外面噴酒精消毒，應該是有讓消費者放心，因為外送訂單同樣穩住。

當然「旺店符」繼續買，買來繼續燒門口，哀鴻遍野的時刻我卻仰天微笑。

不過也沒有一直旺不停啦，只是在疫情最嚴重的時間點，當我有什麼新的想法想要改變，都會有不錯的回饋，沒虧本還賺錢。

**#大家好，我是鳥哥**
**#在台南經營一間牛排館**
**#偶爾跟三龍法師玩樂團**
**#偶爾跟三龍法師求符**
**#很常被他叫閉嘴**

5 衛生福利部桃園醫院嚴重特殊傳染性肺炎群聚感染事件，簡稱「部桃群聚感染事件」。

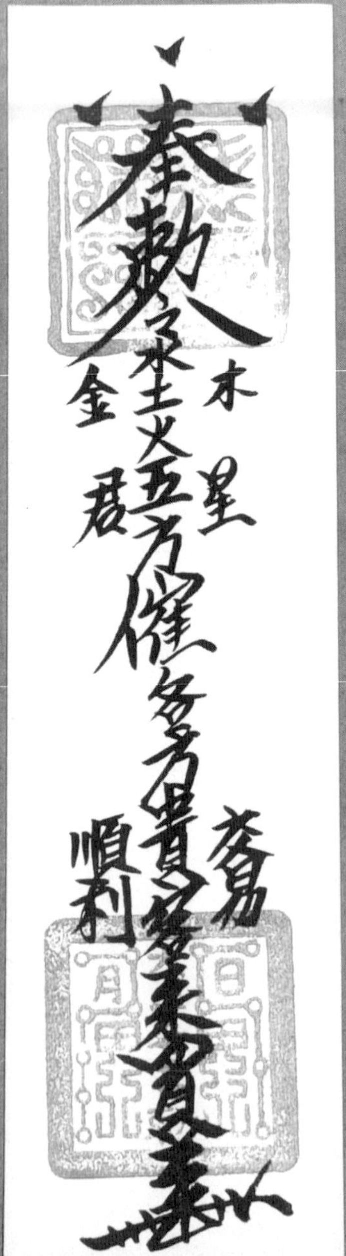
奉勅
木
金
星
君
順利

# 民俗記者錯別字 VS 符咒師三龍法師

錯別字：你說用一張符挺過疫情危機，這說法也太誇張了吧？

三龍法師：欸欸欸！一開始那一段是你的前言，不是我說的喔，就像新聞一開始主播念的稿頭，後面才是我的故事，你這記者職業病下誇大標語，不要牽連到我啊。

錯別字：哈哈哈……認真問，想請你解釋一下「旺店符」跟「招財符」的不同，感覺「旺店符」很冷門欸。

三龍法師：旺店符主要是針對一間店，希望可以請到四方兵將幫忙運轉財氣活絡客源，當然前提是店家要努力工作，人神合一才能發揮效用，沒有那種燒了不做改變，客人就一直來的，然後旺店符並不冷門。

錯別字：那招財符呢？也解釋一下。

三龍法師：招財符之後會說，留著可以再寫一篇故事。

錯別字：哇嗚……你開始有做新聞媒體人的思維囉，但我很少看到什麼滷肉飯店還是牛肉麵店有貼旺店符？又或者是旺店符是藏在看不到的地方嗎？

三龍法師：旺店符確實會藏起來，一來多半是藏在一間店跟錢最直接接觸的地方，好比收銀機，也有客戶會把旺店符放在保險箱裡面，錢財不露白，自然你也難看到旺店符；二來，一般民眾看到一張黃色的符紙黑色的字，就會以為這裡鬧鬼，都沒仔細看符上寫什麼。

錯別字：所以上班族和公務員這些職業，就不適用旺店符了？

三龍法師：對！但現在很多人是網路開店，沒有實體店面，又或實體店面就是自家臥房，這時只要把符咒隨身攜帶就好，我也看過我的客戶是把符咒用磁鐵，吸在電腦的主機板上，生意一樣不錯，當然如果你是領死薪水但同時有斜槓經營店面，那旺店符一樣有用。

# 肆 售屋如意符

很多人覺得符咒不外乎那幾張，好比林正英用來貼殭屍或妖魔鬼怪額頭的（引用至今也許可以用來貼一些公司長官的額頭），要不就是保平安、招財、招桃花這些比較常聽過的。

但其實，你想要的、你煩惱的、你想到的、你沒想到的……都有對應的符咒可以啟動無形力量來幫忙，很多符連符咒師第一眼看到都覺得：

「眞的假的！這都可以畫符？」但符咒請下去，還眞的有能量轉動。

接下來我會以第一人稱的方式，改編真實故事說給你聽。

**#大家好，我是三龍法師**
**#這則故事就發生在我身上**
**#應該說在我媽身上**

二〇一五年，我媽打算把住的老公寓賣掉，同時也看上一棟遠一點，但房子空間、價格、位置三方滿意的透天厝，現在有目標要買，但本身的房子要賣哪有這麼容易，尤其跟房仲在價格上就談不攏。

起初，我媽心中的價格是三百萬，找了幾個房仲評估卻開二百萬（有的還更低），直到最後一位房仲開了二百五十萬，但我媽還是不認為這麼低。

我媽說，這間房在台南南區靠近新光三越台南新天地，二十七坪左右，雖說三十年老房，但也不會這麼沒行情，所以三不五時就跑來煩我說：

「智仔啊（台語，我本名叫張育智），有沒有那種可以快點把房子賣掉的符。」

腦海開啟搜尋引擎，記得符本（符咒法本）中有一張「售屋如意符」，於是我說：

「嗯——有是有啦，但……」

我媽一聽馬上插嘴：

「那你就趕快弄一張來看看有沒有用啊！」

我心想，雖然符本的確有這張符，師父當年也傳授過我，但自己沒用過就是會在符上打問號，我是法師但我這個人也很鐵齒，只要我沒親眼驗證就是不相信，不相信的我就沒辦法推薦給別人用。

但我媽實在太煩了，所以這次拿她來當白老鼠。

我翻開符本，找到「售屋如意符」，這樣講有點不禮貌，但這張符的「長相」實在奇怪到我覺得很假，符的中間畫了一間房子，畫風簡約到像是塗鴉，不說還以為是小學生的鬼畫符，心理不禁又閃過：「真的假的？這符也太Q版了吧！」但想想，成功當賺到，失敗也沒損失，想通了我就放開心下筆，畫完我請媽媽去拜家裡附近的土地公，並告訴她拜的順序：

1.先在符的背面寫上想賣的房子的門牌地址。
2.再說希望的價格。
3.如果一個月內賣掉，會如何回來謝謝土地公（擲到聖筊才算談成）。
4.最後「售屋如意符」跟金紙一起化掉。

一早，我媽先去菜市場買拜土地公的水果，按照步驟走完，中午吃飯就問我：

「兒子啊，爲什麼還沒有消息？是不是我哪裡做錯？」

我聽到翻了個白眼（當然沒給我媽看到）。

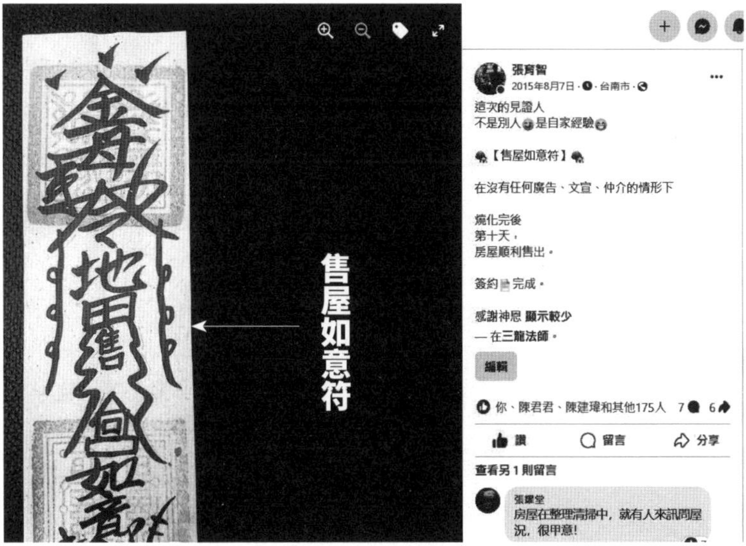


「媽——沒這麼快啦，土地公老人家欸，給點時間啦，而且跑公文請兵將也需要時間啊。」

「那智仔啊，是要多久？」

「我不知道，我又不是神仙！」

反正老人家就是性子急，我也沒生氣，因為我也知道不趕快賣掉，當初看上的那間透天厝可能就被買走。

結果一天時間！符咒不但發揮效果，還揮發的這麼快！

當晚，老家公寓那鮮少會響起的門鈴，居然響了，來訪的是一位約莫六十歲的大姊，她說自己住在同社區對面那棟的三樓，有聽說這戶要出售，現在來問問，她又繼續解釋：

「在這生活十幾年了，生活很方便環境也習慣啦，現在年紀大，不想再去適應別的地方，對啦對啦……麻煩啦，最近想買房給孩子結婚成家，所以想找近一點的，看孫也方便，也好互相照應啦，而且……你也知道膝蓋不好，老了越來越沒力氣爬樓梯，我剛好聽到你這户要賣，又是一樓，馬上跑過來看看啊。」

這位大姊跟我媽的話一樣多，但當下我跟我媽還是覺得幸福來得太突然，由於同一批建案，所以連房子的格局跟大姊原本住的差不多，她一進屋看了很順眼，大姊跟她老公只是從對面三樓搬來一樓，原本的三樓留給孩子，最後一口價，三百萬成交。

從來訪到決定到簽約，不到一個禮拜，加上一些流程手續等等，前後加起來還真不超過一個月。

你們一定好奇，這大姊怎麼知道我媽在賣房子吧，我媽可是沒打廣告也不是五九一房屋交易網看到，說起來很妙，在我媽要去拜土地公前，去過菜市場買水果，大姊是從

老闆娘口中聽到的消息（千萬不要輕視傳統市場婦女，情報網蒐集傳遞資訊的能力）。

快速賣掉房子、價錢滿意，還省下仲介費，效果跟速度都遠超乎原本的想像，也加強了我對於這張「售屋如意符」的信心。

**＃大家好，我是三龍法師**

**＃這則故事就發生在我媽身上**

**＃從此我不再以貌取符**

# 民俗記者錯別字VS符咒師三龍法師

錯別字：那有閉嘴符嗎？直接貼在媽媽嘴上可以安靜的？

三龍法師：你是不是想對你媽做什麼？我建議你用封箱寬膠帶比較快。

錯別字：唉唷——我哪有這麼不孝，好啦說說「售屋如意符」，怎麼會有這麼精準少聽到的符咒啊？

三龍法師：這就是出符本的用意之一。

錯別字：還有哪些？龍哥你別再給我賣關子，現在就先說一個。

三龍法師：好比「豬哥符」你有聽過嗎？這符咒可以讓男人像豬哥一樣愛上你，不要笑，很多人求，光豬哥符可能就超過三十個故事，你要不要先問回「售屋如意符」這題目？

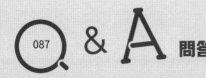

錯別字：對，你別老害我離題，「售屋如意符」為什麼要找土地公？

三龍法師：因為土地公管土地，人口戶籍都管，當然連房地產都是祂的管轄範圍，而且就像村里長一般，這塊土地上的大小事情都最清楚，哪戶人有什麼需求，土地公都可以從中幫忙。

錯別字：這麼一說，每區域的房仲鐵定要拜土地公囉。

三龍法師：這是一定的，之後也有不少房仲找我買「售屋如意符」。

錯別字：那你故事中說到，翻閱「符咒法本」，那是什麼？

三龍法師：嗯——所謂的符咒法本，就是記載各種符咒的書籍，可以理解為是符咒法師的工具書，類似符咒百科字典或者符咒資料庫這樣的存在，一些平時常用的符，自然是已經熟記於心，但一些比較少用、冷僻的功能，還真不可能把全部的符都背起來，所以有時候還是需要查詢資料的。

錯別字：難怪，最近看你買了《魯班黑鎮》的符咒書在臉書分享，完全看不懂，底下留言的想必都是符咒師們。

三龍法師：嗯——基本上會來留言的，不是道士、法師之類的朋友，至少也是符咒法術愛好者，因為這種東西本來應該是很小眾，所謂內行的當作寶；外行的當作草，用得上的才是工具書，對於一般民眾而言無異於看不懂的天書吧。但蠻奇妙的，近年來符咒好像越來越成為一種顯學？網路上販售符咒法本的越來越多，到有點氾濫的程度。

**錯別字：**那這些符籙字典是誰在寫？

**三龍法師：**所謂的符咒書，大致上有四種：

**第一種**是門派內流傳的教材、抄本，被視為門派機密，不外傳的。

**第二種**是歷代以來官方、民間整理流傳的一些符咒書籍，這種被視為是公版，因為早就公開流傳幾百年了。

**第三種**是近代有法師整理出版的符咒書籍，其實像我們現在出的這本，某種程度上也算是吧，只是我們採用了大量的案例故事，編排上不那麼工具書。

**第四種**就是破解流出版，被偷印、盜版、抄襲……拿出來賣錢的。

好比上次我去中國玩，穿梭巷子時看見一間古書店，就在裡面挖到很多寶。所以這些智慧傳承都是古人在生活中發現哪裡不便，把解方壓縮於符咒之中發揮效力，因此你所想得到的問題，符咒幾乎都有解。

**錯別字：**那你怎麼知道這些書的真假？

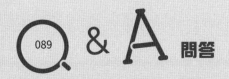

三龍法師：就像你知道很多A片的封面，跟內容根本不吻合吧？所以為了商業銷售，有些人會把書名改了，弄個看起來很厲害的名稱包裝出售。又好比你常看A漫，不同漫畫家的畫風你一看就知道，如果掛名有A漫畫家但畫風是仿造的，很快就被專業的識破，但這一類的不多，比較多是影印盜版，那我就不會去買。

錯別字：對！我也不會買盜版的A漫，難怪我們是好朋友，我們的精神理念相近。

三龍法師：嗯——好吧，你都這樣說了。

錯別字：那你有藏書嗎？一些祕笈之類的。

三龍法師：廢話，當然有啊。

錯別字：那你可以跟我說書名是什麼，提供一些照片，翻拍一些內容，當作素材填補一下這本書空泛的內容。

三龍法師：不是——你傻啊！所謂的祕笈，當然是要很神祕、很隱密才叫做祕笈。真正在使用的，絕對不是市面上流傳那些啊！為了這本書，曝光我這麼多符咒版本，已經是大放送了，相信這本書裡出現的符咒樣式，很快就會被其它人抄去用，甚至不久就會出現在別人的「法本」裡面。

**錯別字**：我懂，我懂，我完全懂。跟我藏的A漫也是不隨便外借，我們果然是同類。

**三龍法師**：唔——你真的懂嗎？我這一篇的訪問到底訪完沒？

**錯別字**：訪完了。

※在撰寫這本書的期間，三龍法師剛好又PO出自己的符咒被抄襲拿去蝦皮販賣的事件，所以不用等到這本書問世，他的符咒早就被人家抄來抄去。

# 聚財符

符咒可以比喻成電池，釋放能量屬性，好比今天你要避邪驅鬼就應該求「五雷令」，結果法師開個「招桃花」，鬼沒走反而招來更多女鬼。

那怎麼把這顆電池的能量最大化？又該注意哪些事項？

接下來我會以第一人稱的方式，改編真實故事說給你聽。

**#大家好，我是阿梁**

**#我在苗栗山區開一間民宿**

這故事要從三、四年前，疫情爆發之前說起。

起初，跟朋友合夥經營民宿好一陣子，但後來朋友因為家務事改由我獨自經營，本想上了軌道應該不難，但什麼事情都自己來才發現真的不簡單。除了體力跟壓力，經營上也真的沒過去順暢。

客源一直掉，老本一直燒。

好死不死，武漢肺炎提油救火，燒光我存的錢還拖我老婆下水，她辭了工作跟我一起死撐，起初夫妻倆認為感情勝天，但最終貧賤夫妻百日哀，撐到百日我們就開始大吵。

老婆要我拋售民宿，我堅決不放手。

好險民宿在山上，怎麼吵也沒鄰居投訴，只怕哪天老婆拿平底鍋尻我，也沒鄰居幫我報警說家暴。

一直到老婆的妹婿來教我們炒咖啡豆，轉型網路營業，有點收入才降低夫妻間的火氣，之後有什麼不滿我也不跟老婆吵，改炒咖啡豆，所以我們「重烘培」的苦味，就像人生的味道一樣。

好，快說到符咒了。

其實我不太信宗教，老婆拉著才會拜拜，但因為沒錢我也開始求財，妹婿跟我相反，他是個相當虔誠（迷信）的人，之前送我招財金幣，老婆還要我把櫃臺挪個位置擦乾淨供著，不知是營運產生作用還是神明保佑？民宿生意還真的又轉好一個層級，也轉開我對民俗宗教的興趣，之後我一個朋友又送我一座小的紫水晶洞，櫃臺內的鈔票也跟著越來越多，但也出現一個問題——錢留不住。

我們夫妻倆沒小孩，也沒過多的物欲，理當來說戶頭存款的零應該會慢慢變多，但總是在有了一筆錢進來後，民宿就會有地方剛好壞掉，上次修了水塔，又修二樓的電燈開關、換了幾間房的床。

硬體設備的更新算是投資，可是你說忽然受傷生病、家裡借錢等等，總之錢賺進口袋竟然有種不踏實感，感覺隨時又會（匯）出去。

就在這時，因為疫情期間老婆養成睡前看 YouTube 頻道，開始追起《靈異錯別字》這鬼故事節目，她就看到關於招財跟聚財的故事。

「鬼故事怎麼說到招財？什麼鬼節目。」

「它是鬼節目沒錯。梁欸（我的名字），會不會我們沒有聚財啊？」

「啊要怎麼聚？不是有水晶洞這些嗎？」

「但你沒有聚寶盆啊！」

這比被平底鍋尻到還震撼，我的招財寶位有水晶洞、金幣、招財符、三腳蟾蜍，但還真沒有聚寶盆，所以我從《靈異錯別字》這節目裡挑了一位老師，覺得三龍法師看起來最順眼。

加了好友，第一次LINE上跟三龍聊天，就聊到凌晨一點多，我問了很多問題，他都很有耐心的回，導正了我很多過去的錯誤觀念。

三龍法師說：「梁先生，嗯——你那些開運商品只有微弱磁場，有招財效果但並不大，我覺得最主要是你們夫妻努力經營民宿，開始有成效才會賺錢。」

我追問：「那要怎樣這些東西（招財物）才會有效果？」

「要開光啊，任何開運商品沒有加持開光，只能說是裝飾品。」

他分析，金幣跟招財符勢必有加持，但水晶洞跟三腳蟾蜍應該就沒有，後來我在蝦皮買了一個聚寶盆也沒開光，所以就是擺了家電卻沒裝電池，但三龍法師也說，要他從台南開車到苗栗再上山幫我開光，這趟費用對我不划算（他也沒時間），最終他替我想到一個辦法。

「嗯——我寄招財符跟聚財符過去給你吧。」

收到兩個紅包，一張放著招財符，裡面有張粉紅色的說明書，要我到附近的土地公廟拜拜，並把符咒燒掉，同時報上姓名跟民宿地址；另一個紅包有兩張聚財符，一樣有張粉紅色的說明書，告知一張符燒在聚寶盆裡，一張符壓在聚寶盆下，用意在於裝入電池並開啟機器。

開銷還是三不五時出現，但加加減減開始留下餘額，當然電池能量有限，不可能一張符放一輩子，我是一年左右就會再請一張。

這中間有趁著去台南玩，跟三龍法師請了一對開光的貔貅運回民宿，之後也就固定

主
財

請符回來捲在貔貅嘴裡咬著。

去年我們把民宿賣掉，下山跟妹婿一起賣咖啡豆跟經營咖啡廳，當然這些招財寶貝通通帶下山，現在還是會跟三龍定時充電，有時看到一些法會也會跟著參加。

**#大家好，我是阿梁**

**#這是我從鐵齒到迷信的故事**

# 民俗記者錯別字 VS 符咒師三龍法師

錯別字：符咒是電池的說法我還真是第一次聽到。

三龍法師：我給你的五雷令符（還有五雷令木牌），讓你去鬼屋採訪不會被鬼上的符咒，也算是電池一種，會持續散發一種結界能量，另外也有符咒是公文的形式，可以請示神明跟兵將。

錯別字：所以如果鬼很多，結界釋放能量太多，電量就很快用完囉，那你過年給我的招財符，也是一樣帶在身上，持續散發招財效力嗎？

三龍法師：可以這麼說。

錯別字：那為什麼我始終沒有中頭獎？

三龍法師：跟人品有關。

錯別字：你什麼意思？

三龍法師：嗯——我要說的是，其實很多開運商品在沒有開光的前提，它是沒有效力的，如果能夠給老師直接開光是最好，不行的話外接電池開符咒過去也是備案。

錯別字：你已經會自己回答問題，然後轉移焦點啦龍哥。

三龍法師：嗯——另外，電池也不是萬能的，我們都知道電器不能碰水，符咒也是，一旦被雨淋弄濕，或是破掉的話，它的效力也會完全消散，這也是為何我都會定做一個塑膠套保護著。

錯別字：那可以對折嗎？

三龍法師：可以，有些符咒好比貴人符，我建議折起來夾在手機套裡面，對業務來說很多貴人就是一通電話而來的，當然摺好放在錢包也行，重點是不要弄破就好。

錯別字：那是不是每張符咒一年就要丟掉？丟哪裡呢？中途不能充電嗎？

三龍法師：每張符一年過後可以拿去相關廟宇、常拜的廟宇，告知神明一聲就化掉，謹慎一點最好擲筊問神，另外也要問問廟方人員可否化符，因為不是每間廟都給化符的。至於你說充電，好比我給你的五雷令符咒，你可以到大廟繞繞香爐，多少都會有充到電。

錯別字：但符咒出自於哪位老師之手，最好回到原廠充電更好，可以的話當然就是重新安裝一個電池，也不用說講求環保到一張符用十年之類。

三龍法師：嗯——如果你對符有感情，而且保持的良好沒濕沒破，是可以繼續沿用。

錯別字：那如果是帶著你的符咒回來給龍哥加持，可以打九折的優惠嗎？

三龍法師：我這裡不是咖啡廳，沒有自帶杯子折五元的優惠。

# 財水符

端午節除了吃肉粽、看划龍舟，民俗控的我們一定會在中午來碗「午時水」，不是特調什麼飲料來喝，而是傳聞午時水可以蓄積能量，用在求財法術更是「乒乓叫」。

接下來我會以第一人稱的方式，改編真實故事說給你聽。

**#大家好，我是蓉姐**

**#這是我跟三龍法師取午時水招財的故事**

我在彰化鬧區開了六、七年彩券行，台灣人好賭的個性，生意不會差到哪去啦，但要發大財也不可能，雖然牆壁上貼滿了客人中大獎的海報，卻也掩蓋不過我所知道的真相。

成天泡在我店裡的老客，一堆都沒在工作，成天分享什麼算牌方式和破解開球規律，要不就是一些旁門左道的招財祕笈，有的老客會在固定時間買彩券，好比就是要等到下午四點零八分那一瞬間買，要的就是彩券上的購買時間是16：08諧音「一路發」；有一位大嬸去廟裡求了一隻2B文昌筆，人家是用來考試，她是用來畫彩券的，還說一筆進財；也有一位阿伯，買彩券（刮刮樂）之前都要把店裡的兩尊彌勒佛，頭跟肚子摸了好幾圈才來買。

但這些人中獎的卻很少。

每個禮拜幾千塊、幾千塊的買，久久中了一張幾萬也只是打平（甚至我猜還小虧呢），真的中大獎的很多都不是店裡的老客，很常是隨便來個電腦選號的過路客，就因為這些招財失敗的案例我看得太多了，導致我對什麼民俗招財的招式、財神廟都不信。

有一年端午節，一位老先生留下一瓶礦泉水，這種來店裡買彩券或是玩Bingo Bingo的，多少都會留下一些垃圾，便當、手搖杯啦，當時這位老先生撐著雨傘走進店裡，買了幾張大樂透之後離開，留下原先手裡拿著，已經開過且裝滿水的寶特瓶在角落的桌上，老先生走後也沒回來拿，我自然當垃圾處理，擰開倒在我櫃臺前的節節高升盆栽裡面，還有門口兩盆金錢樹，不是我迷信買的喔，是之前中大獎的客人回送的。

沒想到打烊前，來了一位中年男子，跟我要他爸爸下午留在這裡的礦泉水，我也坦白說倒掉了，隨後指了冰箱說：

「冰箱有新的礦泉水啦，拍謝啦，你拿一瓶回去。」

「大姊不是啦，我爸說那是端午節他裝的午時水啦。」

「啊！那是啥？」

這位中年男子一臉無奈，就摸摸頭想說算了，只能怪爸爸自己糊塗，沒想到幾天後店裡開出今彩539頭獎！然後再過兩個月我們店裡又中一次。

一樣都不是一開始提到那些迷信的老客中獎的。

好運連發的喜悅，讓我沒想到跟午時水有所連結，是有天晚上女兒在吃飯時問到：

「媽——是不是有偷拜拜啊，怎麼財神爺最近一直來？」

「拎鄒罵[6]才不相信那些。」

「但你不覺得很奇怪，怎麼最近的運氣這麼好，除了兩個大獎，刮刮樂也被客人刮到一次十萬塊不是嗎？」

我邊喝湯邊想，順口說了上次午時水的事情，兩個女兒大笑的說（她們知道什麼是午時水），一定是土地公送來的。

從那一刻起，我才開始願意去拜拜、拜地基主、聽老師的話注意風水，我小女兒是很愛算命拜拜的，就也會送我一些開運小物之類的，我之後認識的三龍法師也是我小女兒推薦給我的。

中間早就有跟三龍請過一些符咒和參加一些法會，都覺得有成效才持續的參加，不

6 台語，用來稱呼自己，「你祖母」的意思。

過這個要說說不完。

當然那一年的端午節早過了，我就等到第二年的端午，一到中午就到店門口放一盆的水，曝曬兩小時後，小心翼翼分裝起來，除此之外我還辦活動，只要消費滿五百，就送彩券行自製午時水，結果生意特別的好。

重點來了，我有提前跟三龍法師求一張「財水符」，專門燒化在午時水裡灑在有做生意的門口和收銀機兩個位置。

除了因為辦活動，賣得特別好之外，當月真的又開二獎，刮刮樂刮到破萬的好幾個，總觀來看業績是有不錯的表現。

當然，那些迷信的老客們看到我也跟著虔誠，早就跑來請教我找了哪位高人？我也大方介紹三龍法師，其中有兩個跟三龍法師請招財符（另外

的說不定有買只是不說），但奇怪的是最後都說「騙肖欸，沒用」就不買了。

但我是覺得三龍法師的符滿有用的。

**#大家好，我是蓉姐**

**#這是我跟三龍取午時水招財的故事**

# 民俗記者錯別字 VS 符咒師三龍法師

錯別字：來吧，簡單解釋，什麼是午時水？

三龍法師：嗯——這要從「午時水飲一嘴，較好補藥吃三年」說起，在端午節正中午取來的午時水，相傳有避邪除穢、轉運添財等功效。

錯別字：喔喔！所以午時水不是用來專門招財的啊！那要怎麼取用？

三龍法師：最原始的方式，是去接端午節中午下雨的雨水，但又不可能每年端午節的中午一定下雨，所以替代方案就是取井水、山泉水，但現在都市哪裡找得到井？也不可能特地上山取水，所以現在人就是取水龍頭的水、礦泉水等，用個容器裝好，中午拿去曝曬太陽，吸收上午十一點到下午一點，兩小時午時的陽氣，也就是午時水。

錯別字：取到這些水要怎麼用？

三龍法師：你是不是都沒做功課啊？一直問我。

**錯別字：**你是老師，我要讓你回答比較有公信力啊，我說完了你就沒戲份啦！好啦，多半都怎麼用，要詳細的說，讓讀者了解。

**三龍法師：**有以下幾種常見的用途：

**用途一、招財：**把一六八元的硬幣、少許鹽巴加入午時水內煮沸，要讓水滾一陣子，不要一滾了就馬上關掉，冷卻後找個容器裝連同硬幣裝好，放在家中或辦公室的財位，不知道財位的，就是門一推開右手邊四十五度的角落，要不就是找個乾淨明亮地方，好好放著，記得，水要保持乾淨，不要沉積雜質。

**用途二、淨身：**把午時水取完之後，輕拍在自己身上，可以去除晦氣，如果純粹灑在家中，就是靜化居家磁場。

**用途三、飲用：**相傳午時水喝下去可以治病招好運，但是！但是！有病記得看醫生，然後水一定要煮滾不要生飲，也不要放在寶特瓶給太陽曬兩個小時再喝，對身體不好。

**錯別字：**功用很多欸——那回到你的財水符，招財的方式這麼多，為何還有個財水

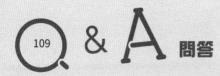

符，這樣的組合可以打過前面所有的招財法嗎？

三龍法師：招財、招桃花的科儀、法術、符咒，沒有像江湖武功祕笈可以分高低強弱，最主要的本質是人的努力多少，說到這我先解釋一下，你可能會問為什麼老闆娘用我的財水符有用，那些老客跟我買符沒用，就是個人的努力問題，一群每天都在玩彩券不工作的，就算我把所有的招財法寶都給了他們，還是不會有用的。

錯別字：你真厲害，你把我最後一題問掉了，那你繼續說，財水符的功用。

三龍法師：其實不只有財水符，很多符咒本身都會跟節日有所搭配，好比中元節好兄弟通通跑出來，這時你用「五鬼運財」的科儀符咒就是很好的時機點，回到端午的午時水搭配財水符，也是一樣的效果。

錯別字：又好比情人節拿桃花符去拜月老，漂亮女主播就會喜歡上我，又好比……

三龍法師：那是西洋節日，你好歹也說個七夕比較貼切。

**後記：**

撰寫這篇故事的同一年，我的工作夥伴——意欽哥，剛好就有在端午節時下台南找三龍法師敘舊，同時也請了一張「財水符」回去用同樣方式燒化灑在家中，遇到本身有從事副業（賣茶葉）的他，我就問：

「有沒有因爲用了午時水＋財水符，出現爆單狀況？」

「沒什麼印象，也沒什麼感覺……」

意欽哥邊搖頭嘴角不自主上揚，我大概知道真正的答案了。

敕令

# 考運符

#我是三龍法師

#這不是一篇臨時抱佛腳的故事

故事發生在我年輕時的朋友身上，當年我們都是剛出社會的小屁孩，一起度過幾年渾渾噩噩，醉生夢死的日子，可以稱得上是每天吃喝玩樂的酒肉朋友，那時候我們可以一個禮拜有五天都在ＫＴＶ包廂裡度過，甚至唱累了就睡在包廂，醒了繼續唱下去。

後來我離開台南跑去嘉義念書，鎖定全台唯一，連科系名稱都獨一無二的生死學系，人生的軌道才徹底轉了個大彎。

我們這群當時一起瘋一起玩的哥們，說起來也很奇妙，多年後，沒有繼續走偏變壞，經過時間的淬鍊洗禮，一個個都還算迷途知返。

雖然我去嘉義的那幾年，大家相聚的時間少了，但托社群平台的福，彼此都還可以透過網路知道各自的狀況，不至於失聯，回台南時，也都還會約吃飯，聊近況，續續舊互相勉勵。

彼此都在不同領域卯起來努力，轉變一個比一個還大。

若干年後，我當了法師，而有個朋友他當了房仲，雖然都剛轉換跑道，剛起步，還有很多事情需要學習，很辛苦。但生活也逐漸上軌道，都混得還算不錯，再次證明人的潛力無限，人生有無限可能。

這也是人生有趣的地方吧！當年身為社會邊緣人的我們，是絕對想像不到會變成現在的樣子。

有一年他想更上一層樓，開始補習K書準備考地政士。

我是不懂這個領域，但知道要考國文、民法、信託法、土地法規……等，吃飯光聽他說就覺得難，第一年沒考上他笑笑說：

「試試水溫，陪考啦。」

第二年、第三年還是都沒考上，而且都是差一點點就過六十分的及格邊緣，這種踮起腳尖就摸到及格線的感覺，比考很爛判定你就沒這個命要來得痛苦太多，加上公司一些女同事酸言酸語的嘲笑，讓他更不是滋味。

我問他，有拜文昌帝君嗎？保佑猜對個一、兩題就過了吧，他說一定都會去拜，不是考試分數的問題，他覺得是因為考運不好的影響。

他說：「有一年考試，我都提早出門了，結果怎麼知道會遇上車禍，整條路塞死，到學校（考場）停車場滿了，一直找找找、趕趕趕，最後差一點點遲到。」

我聽到嘆口氣：「這樣都不對了，急急躁躁。」

「對啊！答題就很不順，隔年我更早出門提前到考場，但我因爲流感，鼻塞吃藥整個人頭暈，×！一堆鳥毛搞得很不順。」

一年考得比一年有經驗，但狀況一年比一年糟，周遭要他放棄的聲音也一年比一年多，我跟他每隔一年吃飯都感受到，地政士的考試讓他壓力很大，看在以前打《魔獸世界》，他玩法師都有幫我做麵包和魔法水補給的份上，現在真實世界我真的是法師，我來幫他補一下，我畫了一張「考運符」，告訴他隨身攜帶，可以的話去拜一下文昌帝君再擲筊，准許了就過香爐。

他收到符後要付我錢，我說不用，考上請我吃飯就好，結果當年他就請我們一家四口吃鼎泰豐，比我畫一張符的錢還賺。

**#我是三龍法師**

**#這不是一篇臨時抱佛腳的故事**

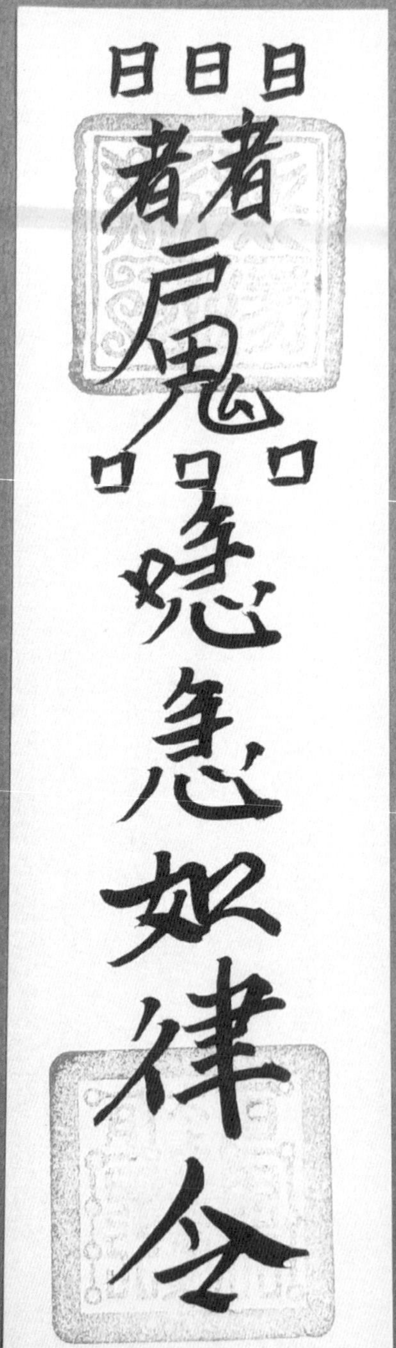
急如律令

# 民俗記者錯別字VS符咒師三龍法師

錯別字：我知道你一定要強調，如果沒有好好念書，求再多「考運符」一樣沒用。

三龍法師：沒錯，所有符咒都是輔助的，本質還是要看自己。

錯別字：那考運符就跟幸運符差不多吧，就是帶給你好運的，可以這麼說嗎？

三龍法師：可以說是同一屬性，但考運符是針對考試的運勢，幸運符就是整體運氣的加持，範圍比較廣不精準。你以前常常比賽，應該有遇過有些選手比賽運就是很爛，怎樣都不會得名。

錯別字：欸！你這麼一說，有喔，有那種練習超拚的，私底下財運也不錯，下注足球跟刮刮樂都會中，但只要一比賽，不是比到一半莫名抽筋，就是籤運太差爆冷淘汰，要不就是遇到有問題的裁判。

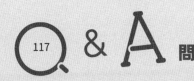

三龍法師：類似這樣，人的一生會遇到很多重大考試，好壞影響你接下來的人生，這時候除了自身實力，運氣也是非常重要的，「考運符」就是在這時候發生

效果。

錯別字：所以考完一場試，就要換一張符咒了吧。

三龍法師：沒錯，它是針對你一場考試時，釋放穩定運勢的效果，讓你可以發揮百分百的實力，不讓外力減弱你的發揮，甚至狀況比平常更佳。

錯別字：所以如果你本身實力只有二十分，外界不確定因素都格擋[7]了，你還是只會考出二十分。

三龍法師：就算給你超水準演出，二十變三十好吧？還是不及格。但你如果有一定程度的準備與實力，就差那運氣的臨門一腳，那就是過關與落榜的差別了。

7　遊戲術語，阻擋敵人的攻擊，使自身不受到傷害或減少傷害的行為。

【第三章】

# 人際關係系列

敕令

# 人緣符

#我是三龍法師

#這是我某次去演講延伸的故事

人緣符的種類很多，舉凡增進與人之間的互動良好，都屬人緣符，最常見的就是桃花符，但依舊還是老話一句，符是輔助，人才是主體，如果有一張符卻不願改變自我，送你一箱拿去燒也沒有用。

有一年，南部某間大學的宗教社團找我去演說，介紹符咒與民俗相關議題，也聊聊當法師有沒有辦法養家活口之類的實際層面，二十頁的演說PPT比我畫二百張符還要難，兩個多小時後總算到了「感謝聆聽，請多指教」這一頁，原以為大學生聽完會拍拍屁股走人，沒想到舉手發問的不少，打鐘下課了還有兩、三位學生跑來圍著我繼續追問。

台灣的未來還是有希望的。

其中我有注意到一位較為「健壯」的女學生，站在比較外圍看著我，等前面的同學問完離開之後，她才緩緩走過來。

「三龍老師您好，我是小虹，想跟您請教，你知道人緣符嗎？」

這麼明確的點出這麼冷門的符咒，表示她有在做功課，但我反問「怎麼會對這符有興趣？」

她小心的看了看左右兩邊，確認沒人才告訴我。

原來因為外型較為不亮麗又個性內向，所以大學三年人緣不是很好，但也不會差到被霸凌，就是班上的邊緣人，她也很想交朋友，想跟姊妹聊八卦、逛街、看電影，過一個大學生該有的快樂時光。

但我光聽她說，就被龐大的低氣壓壓到喘不了氣，很明顯屬於鑽牛角尖的個性。

我告訴她，人緣符確實可以增進人際關係，只要隨身攜帶就能慢慢改變磁場，吸引到同學的注意或增加互動的機會，而且人緣符不像「貴人符」要改變命運這麼強大的能量，總觀來說並不難，但我還是要說：

「小虹，妳也要去觀察一下，學校那些受歡迎的人，他們有哪些特質？哪些特質是妳也可以去學習的？不然眞的有機會過來，妳也很難留住喔。」

「三龍老師，那些受歡迎的都是天生就很漂亮的女生啊，我沒辦法——」

「嗯——沒有喔，我遇過很多外型不怎樣但人緣很不錯的，甚至我有個朋友，長得很滑稽、猥瑣、好色，但他人緣很不錯。」

「你是在說錯別字——賴正鎧嗎？」

「嗯——有這麼好猜喔，好啦這不是重點，總之外型是一個點沒錯，但個性才是最重要的，有了符咒不表示什麼事情都不用做，妳自己也要努力。」

之後我就畫了一張人緣符寄給她（因為當天我沒帶符紙、毛筆跟墨水），之後她還是不停的對我發問：

「三龍老師，我需要去拜拜嗎？要拜哪一尊神？」

「三龍老師，符咒要換位子嗎？一直放錢包可以嗎？」

我的售後服務真的是很有口碑，每次都仔細回答，有時太忙隔個兩、三天再回，但只要我一傳過去她幾乎秒讀秒回，最後我依舊告訴她：

「符咒不要弄濕弄破，其餘的還是要看妳自己，也不是要妳完全改變，變成不像自己，但就是——我也不是諮商師，總之妳就多觀察多比較。」

就這樣開導一陣子她就沒來找我了，我也漸漸忘記小虹。

一年半過後，有天忽然LINE有位陌生女子傳一張皺巴巴的符咒照給我看，我認得出那是我畫的，然後匡噹的一大坨字傳過來，我先看了看照片，一個肉肉戴著圓圓眼鏡，頭上放著一頂像小籠湯包的帽子，實在想不起來這麼日系的女孩是誰？只好往上滑看了對話紀錄，才想起來是小虹啊！

我往下看她傳了什麼給我，意思是自從有了符咒後她開始有了信心，她先運動減肥並學怎麼打扮，然後也去觀察班上人緣好的同學有什麼習慣，之後因為喜歡烹飪開始學做甜點，慢慢認識幾位同好，現在已經畢業且錄取到台北一間公司當會計。

我按了LINE的大頭照，比照一下她之前的照片跟現在，當然我知道修圖軟體也在持續進步，但我敢保證她本人一定瘦超過十公斤，笑起來陽光的樣子幾乎消散了第一次見面那壓迫的低氣壓，她本人進步的比修圖軟體更多。

小虹一直跟我謝謝，這幾年這張符一直持續釋放磁場改變她，我坦白跟她說，一張符咒的效期是一年，況且我看你的符咒都已經放在包包壓到折角有裂痕，站在符咒師的立場來說，符咒效力是漏光光了，但對小虹來說這就是一張充滿自信的乾電池。

符咒有幫上忙，但真正改變的還是你自己的力量。

當一位法師，很常遇到阿里不達（不倫不類）的怪人，但同時也遇到不少因為我的符咒而改變的人，不敢說命運因我而扭轉這麼偉大，但看小虹的轉變總有種成就與感動。這只是其中一個感動的故事，很多時候總會有人說：

「哎呀！拜神買開運商品只是一種心靈作用啦，不要迷信。」

你要這麼認為也不是不對，你要嘲諷說人根深蒂固的心靈習性，靠一張薄薄的黃紙就能撐起改變的勇氣，

哪有這麼容易?但事實是很多實證就是因為求符後人生有所轉變,你要說這是巧合,但沒這麼多巧合啦,這過程是不是有無形的力量與磁場在進行呢?符咒是點燃改變自我勇氣的火種,沒有這一道符的力量又怎麼有延燒熊熊決心的烈焰?

我經手很多案例,經商失敗的老闆、感情出現裂痕的夫妻、遭到陰間騷擾的上班族,他們都是在一開始有努力改變但結果有限,需要一點助力時找上我,而現在也都成功蛻變,你說我怎麼知道,因為他們陸續都有回來跟我求符,這樣就很明顯知道是有用的吧。

不過我也要說,有更多混吃等死的人,期望一張招財符就可以買別墅,說真的,我辦不到,真的不要再來騷擾我了。

當然也可能是因為,小虹知道連錯別字——賴正鎧都可以活得這麼好,實在沒理由自己辦不到。

# 民俗記者錯別字 VS 符咒師三龍法師

三龍法師：這一篇你有想問什麼嗎？

錯別字：沒有，想罵髒話而已。

# 防小人符

想要身體健康，如果只是一味的吃補品，卻沒有減少傷身的行為，好比每天一包益生菌，但同時也抽一包菸，身體一樣不好就罵健康食品沒有用，那真的為難了益生菌寶寶了。

符咒也是相同的道理，當你求正能量，卻沒把負能量去除，求再多最後只會抵銷，最簡單的例子就是你求貴人運，但周遭小人群聚，再多貴人拉你一把也抵不過小人背後一刀，下面娜娜的故事就是如此。

接下來我會以第一人稱的方式，改編真實故事說給你聽。

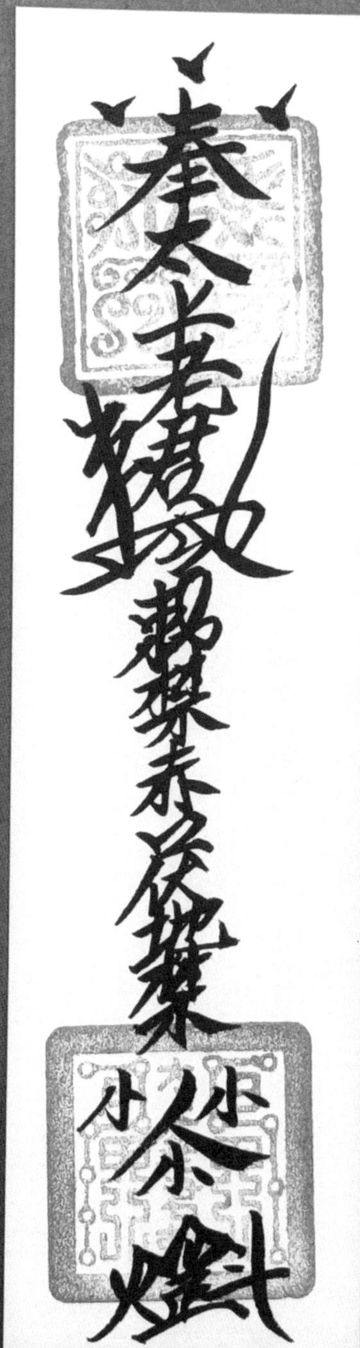

#大家好，我是娜娜

#這是在我前公司所發生的鳥事

之前在台北一間濾水器公司當會計，公司規模不大，就老闆、老闆娘、祕書加底下幾個行政跟業務，算一算不到十人，雖說我管錢又是公司第二資深員工，但祕書那個臭女人總愛找我麻煩。

她敢找我麻煩，就因為她是老闆的情婦。

秘書叫Betty，我們都叫她Bitch，她也不是說身材多火辣還是多年輕，二十五歲小小隻又瘦巴巴，對每一個人說話就一副高姿態，但對老闆說話就嗲聲嗲氣，酥麻久了，老闆還真的當起了她的乾爹。

我也不知道老娘哪裡讓Betty看不順眼，可能奶比她大吧，因此我對她說話嗓門也沒在小聲，而且論年紀我好歹也可以當她媽。

我會發現她衝著我來，是因為有一次老闆星期一跟業務開完會，突然找我去報告一下財務，之前都沒有怎麼現在開始要？後來聽說是她跟老闆講，我好像有污錢，講一、兩次老闆不信，畢竟我從老闆的爸爸還在公司時，就工作到現在，但說到四、五、六次時，老闆這豬腦袋還真被妖孽說服，三不五時要我去報告一下。

說真的老娘也沒在怕啦，就「奇檬子」不爽。

時間久了證明我的清白，Bitch眼看弄不成我，就來直球對決，在公司茶水間見到我會發出很大聲「嘖」聲，要不就是找一些小事跟我吵架，好幾次我直接拍桌跟她對幹，幾個同事午飯時間就勸我：

「Bitch就是要當少奶奶，要人家捧，娜媽（晚輩都這樣叫我）就不要跟她衝。」

我聽到超不爽「老娘我沒做錯還要跟可以當我女兒的低聲下氣？神經病！」，恐怕就是我這硬脾氣，讓她嚥不下氣

久而久之，老闆對我的態度也開始越來越差，有時犯了點小錯就對我大小聲，出了辦公室一定會看到Bitch看向我，要不就老闆訂規矩扣我錢，搞到我還真想離職，至於老闆娘呢？只能說這對狗男女真的很會藏，老闆娘來公司，Bitch要不請假、要不就素顏上班，總有辦法藏住狐狸尾巴。

所以走投無路之下我開始拜拜、戴尾戒、算命，甚至去點燈求貴人，但感覺沒什麼用，工作是保住但也一直受攻擊，就因為我太常在臉書搜尋這些關鍵字，演算法推薦給

我三龍法師的一篇PO文，我看完之後覺得這法師有點意思，就問他該怎麼辦？

他給了我一個觀念，就以求財來說，你一直求財神爺來你家，但你肩上背著一位窮神，不送窮神滾，求再多財也被花光光，尤其敵人還真踩在我肩上，三龍建議應該要把火力集中在「去小人」。

我說是要下降頭讓那Bitch中邪嗎？三龍法師不建議，一來副作用大，二來他也不接這法事，單純讓她跟我保持距離或是降溫就好，我覺得三龍挺正派也有點料，就求了兩道符。

三龍法師說，當你遇到小人（祕書）時，你身上有帶著符就可以弱化她的磁場，所以我把「去小人符」放在證件夾裡；「貴人符」就放在手機殼裡，感覺貴人會打電話找我下訂單，挺有意思的說法。

頭一個月，還是常常跟Bitch互幹，但是過一陣子發現老闆娘常常來公司，Bitch囂張的態度就降低很多，隨後莫名的老闆娘有天找我去聊聊，說在一場飯局認識一位朋友，那位朋友認識我，聊著聊著我才想到是三年前的客戶，這邊稍微補充一下，雖然我是會計，但老闆之前有說：

「人人都是業務，能帶業績進來公司就會有抽成獎金。」

這位客戶當年沒談成，之後也鮮少聯絡，現在客戶發達買了幾間房出租給大學生，需要五組的濾水器，因為是私立學校家長很有錢，濾水器通通頂規配置，那個月多的業績讓我多了三萬多的收入，老闆娘很是滿意，陸續給了我幾個她的客戶讓我去跑，所以一有空我就不在公司，常往外跑自然就少跟Bitch互幹，真的是給她逃過一劫，沒想到在我賺錢賺到快要忘了Bitch的死活時，人資那邊LINE我說：

「娜媽，你死對頭要離職了欸！你知道怎麼了嗎？」給了我幾個竊笑的圖案。

「啊！爲什麼？快說啦，我在去客户的路上。」

「哈哈哈，我聽說的，你別說出去喔，因爲老闆娘發現老闆跟Bitch外遇，直接找上老闆的爸爸，二話不說就把她炒了。」

我現在回想起來，小人符還真的發揮效果趕走小人，然後貴人符還真的引來老闆娘當起我的貴人，雖說這些人平時都在，但也在有了兩道符後才發揮了化學效應啊！

有些事沒發生在自己身上，還真不相信這麼玄。

**#大家好，我是娜娜**

**#這是在我前公司所發生的故事**

# 民俗記者錯別字 VS 符咒師三龍法師

錯別字：如果按照去掉小人增加貴人，理當來說求財也該去窮迎富，求桃花也要斬爛桃花囉，一正一負。

三龍法師：沒錯，一般人會拚命的拜財神爺，但忽略了沒有把負能量去掉，所以有些廟宇就有「去窮迎富」的概念，好比桃園就有一間廟是迎富送窮廟。

錯別字：那這樣的話，不是跟吃中藥一樣，調養身體都要很多中藥材混合熬煮，而不是單一吃一款。

三龍法師：其實你吃西藥也是，所以每當有人來求符，可以的話最好是聊一聊，讓我知道你的狀況怎樣，我會開出一系列的符咒組合。

錯別字：嘿嘿嘿，這樣你也賺比較多吧，你這小滑頭啊你。

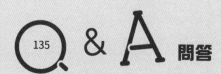

三龍法師：嗯——不能這樣說、不能這樣說，我並不是一定要對方全買，我開出來的一定是針對他需要的部分，每張符我都會仔細說好功用，有些人一開始抱持懷

疑態度試試看，就買個一、兩張，有些人預算高全部包套，都是彈性的，主要是一攻一守的概念。

**錯別字：**那這樣來說，人際關係的符咒又有哪些？

**三龍法師：**太多了，好比人緣符，增進一般人際關係、異性關係，對於藝人、公眾人物會比較需要；貴人符不見得是給你錢，有時促成人脈，給你意見想法，只要一句話點醒你，那怕是你去大便沒有衛生紙，遞給你衛生紙的人都是你的貴人，其實跟人有關的符咒都是。

**錯別字：**你最後那句，那怕是拉屎都有人遞紙，真的是生命中的貴人。

【第四章】

# 愛情桃花系列

# 桃花符

求符排行榜第二名，就屬桃花符了，第一名是招財符。

而接下來的故事發生在三龍老婆弟弟身上，他眼睜睜把整個過程看完，可以說是無吹噓的驗證桃花符的威力。

接下來會以第一人稱的方式，改編真實故事說給你聽。

**#我叫阿宏**

**#這是發生在我求桃花符的故事**

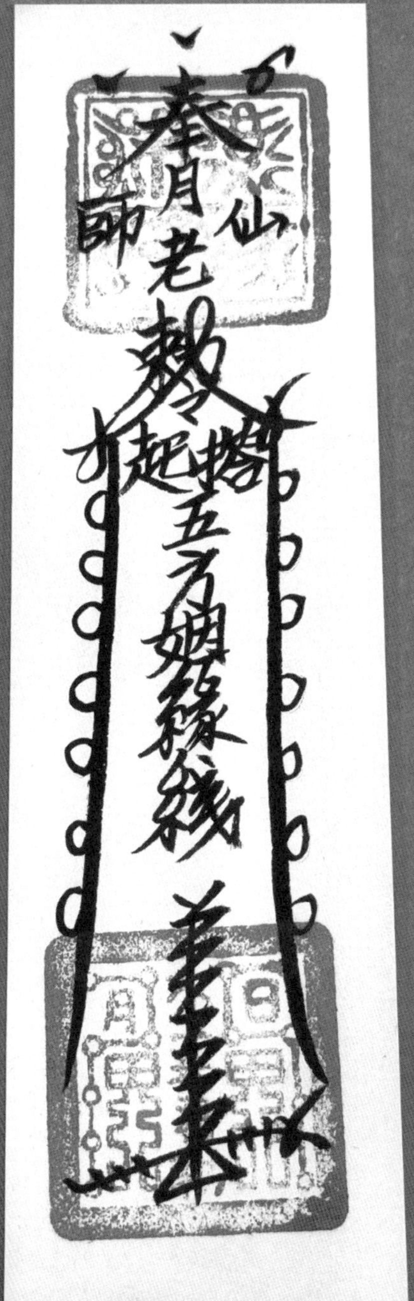
奉月老仙師
敕令
起搭五方姻緣線

大學畢業後我就沒再交女友，因為在台南科技工業區上班，社交圈也就那樣，久而久之也發現，沒女友對我來說好像也能接受，但爸媽就不能接受。

隨著一年年過去，年夜飯始終沒多一雙碗筷，爸媽就開始關心：

「宏阿！你都沒有對象嗎？」

「也三十出頭，該想一想了吧，看你工作也穩定啊。」

「啊要不爸媽介紹一下啊。」

最後一句聽起來最討厭。

那我姐也知道，就想說姐夫是位法師（就三龍啦），要不請張桃花符試試看，我是不信這種東西，但總有個進度給爸媽交差我有在找對象，所以就求了一張。

姐夫跟我說，要把這張符塞在開花的盆栽裡面，並且好好的種就會招來桃花，原本以為帶在身上就好，現在還要去買盆栽種，覺得麻煩的我就跑去塞在鄰居的盆栽裡面，不知道那是什麼植物就種著。

沒多久，我在網路上認識了一位女孩，聊著聊著約出來見面，就這樣沒兩個月莫名兩人就在一起了，這邊有個小插曲，跟這女友交往時，剛好鄰居盆栽的花竟然開了一朵。

雖說交了一個女友可以跟爸媽交代了，但誰知道帶回家爸媽不是很開心。

我女友是服飾店的店員，染著金髮穿著露肚裝，而且耳朵、舌頭跟肚臍都有打洞，三不五時就是跟姊妹約夜唱，喝酒跑夜店，對我們比較傳統的家庭來說是有點衝擊，但真的讓我爸媽皺眉頭的是，對長輩的一些禮節上比較不拘小節，我是覺得無所謂，彼此互補也是挺合的。

爸媽沒有太反對，我們也就這樣繼續交

往，同時也對姐夫的桃花符佩服起來，但莫名的在一起卻也莫名的分開，有幾次起了口角，也不是大吵的等級，有一次吵完女友提分手，我也覺得沒有不行，就這樣分開了。

玄的事情又來了，有天路過鄰居家發現盆栽不見了，我就順口問問：

「啊！之前種在這裡的盆栽換位置囉！」

「被偷走了啦，也不知道誰偷的。」

「偷走？什麼時候不見的？」

「不知道欸，兩個禮拜前要去澆水就發現不見啦！」

我算了一下，兩個禮拜前就是我分手的時間。

我反覆的算了幾次，確實就是這麼巧，這下對我姐夫佩服了。我先買了一個盆栽，認認真真的放在房間窗臺照料，然後花錢跟姐夫買了一張桃花符，仔細的捲好塞進盆栽土裡，開始定時澆水施肥。

同年，我們一群朋友約吃飯，還帶了新朋友參加，最後我在飯局認識了現在的老婆，現在小孩都五歲了。

熱戀期並沒有沖昏我到忘記幫盆栽澆水，我深信盆栽跟我的戀情是同一艘船上，穩定交往一年，爸媽看了也滿意，有天我就跟她攤牌這件事，她也逗趣的說：「喔！所以我是桃花符求來的囉。」

**#我叫阿宏**

**#這是發生在我求桃花符的故事**

錯別字：看來盆栽符咒跟戀情是有連結性的，那多久之後這效力會消失？我的意思是總不能照顧盆栽一輩子吧，會不會盆栽花一枯萎法術就歸零了？

三龍法師：一年，這一年當中只要盆栽不要被偷走、植物不要死掉，就算花朵枯萎凋謝都沒有問題，就是桃花來來去去的正常新陳代謝而已。

錯別字：那只要種了桃花，並且花開，就一定會有桃花嗎？

三龍法師：不一定。桃花符的植栽法術，是藉由開花達到招桃花最強的時候，這時你要是天天躺在床上不出門，以為睡個覺旁邊就會出現一個女孩當你女友，那是不可能的，那是冥婚。

錯別字：但我記得，符咒只要破掉、濕掉，就會失去效力，那種在土壤裡面澆水，勢必會濕掉啊，那怎麼辦？

三龍法師：不錯嘛，平常在說有在聽捏，的確一般的符要避免弄濕弄破以免靈力喪失，但這張特別不同，就是刻意要融入土壤讓植物吸收成為一體，借助開花的力量產生靈動力，來增強桃花。

**錯別字：**所以即便種了桃花，也要大量的出去接觸人群吧，增加桃花催化的效力？

**三龍法師：**沒錯，而且你也要檢視自己，如果你依舊不修邊幅即便桃花來了，你也難以把持住，再者招桃花是無條件的範圍技能，你無法指名我要招「林襄」等級的桃花，我只能說「林襄」等級有機會招來認識，但你沒有能耐也把握不了，「如花」等級也可能招來你身邊，因此招來的桃花好壞你要去篩選。常常有人說他都招到爛桃花，其實好壞桃花，個人的定義可能不盡相同，然而若沒有去檢視自己的條件跟接觸的人的層次、環境，甚至是自己的眼光等問題，或者單方面提出太過完美苛刻的條件，如何能找到所謂的好姻緣，符令神明即使幫你增加機會，最終的選擇權還是在你自己。

# 豬哥符

符咒是滿足人類需求，所延伸與無形溝通的工具，如果以符咒這樣的概念來說，恐怕傳承至今超過千年吧，所以你所想得到的慾望幾乎都有相對應的符咒。接下來介紹的這張符，我還記得在第一次聽到時覺得太瞎搞了，但這道符求的人還真不少。

接下來我會以第一人稱的方式，改編真實故事說給你聽。

**#我是王小姐**

**#這是發生在我老公身上的事情**

我老公是營造業，常常需要應酬加班，結婚五年還是維持新婚的恩愛，也開始有計

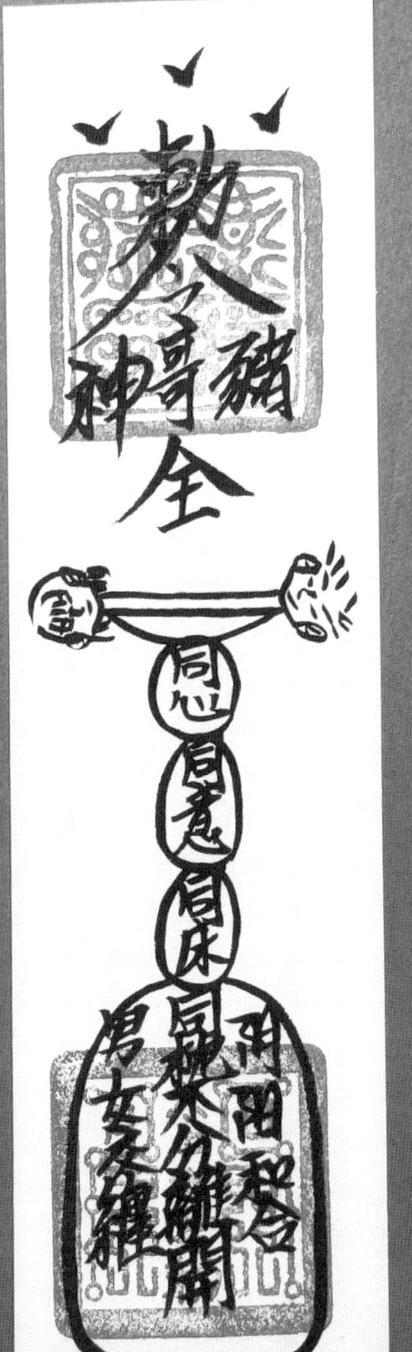
全
同心
同意
同床

畫要生寶寶，結果老公被挖腳到另一間公司並升為高階主管，整個工作量變得更忙，公司與住家距離更遠，通勤時間導致他每天早上七點出門晚上十點到家，有時下班就是洗澡睡覺連晚餐都沒吃。

頭幾個月我們各忙各的也沒什麼影響，但是超過半年老公都沒碰我，這讓我滿受傷也覺得奇怪，我有釋出「想要」的訊息，他都回我：

「我很累啊，第二天還要開會，假日再說吧。」

但好幾次我都發現從浴室傳來A片的呻吟，然後他都會洗比較久一點，說在裡面刮鬍子但鬍子根本沒刮，久了之後我也跟他坦白。

「你已經超過半年沒碰我，然後你寧願自己來，這樣不覺得奇怪嗎？」

老公因為被發現有點惱羞。

「我說過了，現在工作正在忙你也不是沒看到，有時回家就眞的很累，自己來就比較方便，你這也要吵無不無聊啊。」

「你打手槍時間跟做愛時間都沒很久，哪有什麼方便不方便。」

我犯了自己慣用以時間計算的毛病，更犯了隱喻男人很快的大忌。

但老公的好脾氣，只是傻眼愣住，不耐煩轉身離開，雖然事後合好老公也主動要了幾次，我也道歉解釋，但溫存時間很短，只要一忙他就又完全對我興趣缺缺，直到有次跟姊妹約喝咖啡，抱怨起這件事。

姊妹A說：「你老公一定外遇了！」

「肯定沒有的啦，老麥（我老公名字）連看A片打手槍都會被我抓到，外遇這種事情他隱瞞不久。」

姊妹B說：「要不要找泰國師傅下情降，說是可以讓對象死心塌地愛你。」

「老麥又不是不愛我，而且泰國師傅渾身刺青眼神兇惡，我也不太敢去。」

最後一個姊妹C滑手機查到可以下符咒：「你去買豬哥符，哈哈哈……這名字好好笑，但燒了之後你家老麥就會想跟你做愛，這符咒好像是春藥。」

大家嘻嘻哈哈後，姊妹C很認眞繼續念：「豬哥符化掉之後，過濾放水中給予施法對象喝下，就可以對你有性衝動，欸——這不就是你要的嗎？你就是想要做愛，給你老公喝喝看啊。」

我承認聽到當下有點心動，但想想來路不明的東西給老麥喝下肚總是怪怪的，所以我表面上說不要，回家之後還是上網查了一下，很多老師都有開這道符，但依照價格跟第一眼印象來說，我找上三龍法師。

起初三龍法師並沒有馬上就要接單，他反而問了一大堆的問題：

「你跟你老公平常感情怎樣？假日有出去玩嗎？要生小孩計畫有在進行嗎？」

問完之後還要求我提供合照，身分證背面，確保我們真的是夫妻，他才告訴我豬哥符的用途，民俗上是認為給對方喝下去最好，但有所顧慮也是可以不要喝，化在水裡用毛巾浸濕給老公擦拭身體或擦臉也行，他跟我解釋問這麼多是因為過去太多不肖人士，用這道符做壞事。解釋完三龍法師花更多時間跟我溝通，他說符咒本身有短期效果，但夫妻之間如果不加以改善問題，這些只是症狀治療，沒有辦法直達根本，我都懷疑一張符的時間成本這麼多，到底他有沒有得賺。

三龍法師開了三道符，我化掉一張在水裡之後，用毛巾浸濕擰乾，等老公刮完鬍子洗完臉，我就遞給他擦臉，這是我想到最適合的方式了，粗線條的他自然也沒發現毛巾是濕的這件事，連續三次之後應該就會有效果。

結果三張符燒完的下個星期五，老公就主動爬上床找我溫存，之後再忙他還是會主動抱抱我或是捏捏我屁股，就算不做愛但吃豆腐的比例也變高了，直到有一次結束我跟老公好好溝通，規定好不論再怎麼忙，每個月都要出去住宿一晚放鬆。

事後我跟姊妹分享這件事情，大家笑得差一點撞翻桌上的咖啡，姊妹們很了解我的個性，說既然豬哥符這麼有用別的符咒應該也可以，趕快把握時間來張求子符，我覺得也有道理，但還沒跟三龍法師求張求子符，我就發現我ＭＣ（月經）好幾個月沒來了。

# 民俗記者錯別字VS符咒師三龍法師

錯別字：就我所知豬哥符被大量運用的地方，應該是在八大產業吧？

三龍法師：你怎麼知道？這麼了解你是被下過嗎？

錯別字：我是一名民俗記者，對於民俗內容略知一二是必然的，你別挖洞給我跳。

三龍法師：早上民俗記者，晚上風俗記者，我懂。確實，很多八大行業小姐為了留住恩客，會在給他們喝的酒或飲料中下豬哥符。

錯別字：那如果豬哥符下在女生身上也可以囉？

三龍法師：你想幹嘛？

錯別字：我幫讀者問問，你別緊張。

三龍法師：也是可以，但是效果要取決於你跟對方的互動，夫妻之間有感情基礎，運用豬哥符可以；八大行業恩客與小姐也是有情愫互動，所以也行得通，但是如果你說你愛慕哪個女主播，但人家根本不認識你或跟你不熟，給女主播喝一公升豬哥符水，人家只會撒泡尿給你照照鏡子。

錯別字：你是不是在說給我聽？

三龍法師：沒有，你不要多心。

錯別字：那既然有八大行業小姐求豬哥符，有沒有求到出事的？

三龍法師：當然有，這也是我想分享的故事。

## #大家好，我是三龍法師
## #這是之前發生被下豬哥符的事件
## #不是我被下豬哥符不用緊張

有天一早，一對夫妻找上我，老婆一見面就說：

「老師，我覺得我被人下降頭了！」

先說說這對夫妻，老公穿得相當休閒，短褲加一件寬鬆的T-Shirt，不過手戴著勞力士跟門口的進口車顯露了他戶頭應該也很寬鬆，太太穿著合身的白色牛仔長褲和合身的白色襯衫，姑且叫她小白，要是沒有得知小白的出生年月日，說她三十出頭我也相信。

針對小白被說下降頭，我反問有什麼樣的狀況讓妳這麼覺得？

「我對公司新來的主管，感到很有好感！」

我對這樣的說詞，感到很意外。

小白說新來的主管是位五十多歲的單身男性，有啤酒肚且個頭不高，跟媽媽一起住，就以外型來說沒有一點會吸引她，甚至接觸後思想、談吐、工作能力也都沒有任何突出點。

「但我就莫名喜歡這位主管，甚至很想一直看到他。」

講這些話時，我稍微看了一下老公，他顯得有點不是滋味，但小白可以很明確表示，她愛的是老公，但不知為何異常想去靠近那位男主管，所以她懷疑被下降頭。

小白真的是我至今遇過最理智，也最有病識感的。

我們就開始討論，有沒有被下降頭的管道，果真發現這位男主管每週一開會，都會請大家喝咖啡，我認為這是很可能的管道。

我說從現在開始先不要喝，也不要吃這位主管給你的任何東西（杜絕降頭持續攻擊），再來我做了一個稻草假人，把小白的頭髮、指甲、衣物、生辰八字等等，全部塞進假人身上（當作替身），最後要她帶一張符，放哪都可以但在公司就要隨身攜帶（做為防護罩）。

果真星期一回公司，小白說胃痛不喝黑咖啡，主管開玩笑說要不然買拿鐵，還是被小白婉拒，下午主管又說有發獎金請吃下午茶，之後幾天都是這樣，就感覺一定要餵個什麼給小白吃。

不到一個禮拜，小白就對那位主管沒感覺了，她還試圖多看男主管幾眼，真的就是一位中年大叔，一點悸動的波動都沒有。

事後小白有問我，這是怎樣的狀況？我說：

「我不能保證對方是下豬哥符、越南情降等等，但可以肯定這些東西都需要一個媒介。」

「媒介？我沒有給她頭髮指甲這些啊。」

「你的員工資料會有出生年月日，加上他又給你吃東西，這兩點其實就可以達到效果，當然給的越多效力越強，再者，他要去妳座位找到妳幾根頭髮，也不是難事。」

因為之前我就遇過，有信徒刻意加班等到公司沒人，就去目標的辦公桌附近找頭髮下降頭，這又是另一個故事。

總之防不了人至少可以做好自我保護。

而整起事件我覺得可以這麼順利，是當事人願意相信自己被下降頭，有正視自己的病識感，很多人被下降頭卻始終不承認，就像在醫學上很多人生病了卻覺得自己很正常，在這樣的情況下，就算有再高超的醫術也很難救回當事人。

**#大家好，我是三龍法師**

**#這是之前發生被下豬哥符的事件**

【第五章】

# 驅邪護身
# 平安系列

# 五雷符

你知道最強的驅鬼符是哪款嗎？

五雷符！

國產電影《紅衣小女孩2》，裡面就有用五雷符打紅衣小女孩，厲害了吧。不過接下來用五雷符打鬼的故事，感覺就有點大砲打小鳥，畢竟連紅衣小女孩都可以轟飛的五雷符五雷令，竟然用來打這隻鬼？

接下來我會以第一人稱的方式，改編真實故事說給你聽。

**#我是小馬**

**#因為是在馬來西亞發生的故事**

## #乾脆叫我小馬

我太太是馬來西亞人，當初夫妻在台灣台北工作一陣子，多方評估（錢難賺）下決定飛到馬來西亞，跟太太從事美體護膚工作，其實我對這行完全不懂，我的專業在於商業行銷，而技術、經驗、人脈都是靠太太。

第一間工作室開在檳城，很快就做起來，不到半年我們在附近租下第二間工作室，由太太的朋友去那邊當店長，姑且叫她阿長。靈異事件就是發生在第二間分店。

第一次去看房子時，阿長跟我太太站在門口就可以全部看完整間店面的內部格局，頂多看不到廁所，但阿長一踏進去走沒幾步就開始頭暈想吐，起初想說是不是中午的炒粿條吃太多？但這樣的症狀在離開屋子後馬上就好。

這時阿長跟我太太說：「欸，我覺得不太乾淨。」

我太太皺著眉回說：「你也覺得（那間）炒粿條不太衛生喔，下次別買啦。」

「不是，我說這裡（工作室）不太乾淨。」

「打掃一下就好啦，到時……」

「不是啦！」最後阿長受不了才說「這間好像有鬼——」

我太太反應就是這麼慢。尷尬的表情讓彼此不知怎麼開口，阿長說自己其實有靈異體質，一碰到髒東西就會頭暈想吐，再激烈一點會一直打嗝，但只能感應沒辦法看見，而我太太是無神論者、麻瓜體質，她要阿長別想太多，並客觀分析這間工作室的租金、地點是所有案件中最適合，阿長想想也只能答應。

結果第二間分店經營得並不好，並不是沒客人來，而是客人來了留不住，我當時也是想破頭，把能用的行銷手法跟活動都用盡了，直到一位女客人跟我們說：

「欸，你們女師傅很變態，會毛手毛腳。」

這說法阿長自然不信，繼續追問女客人求個詳細。爆料女客人繼續說：

「眞的眞的，我做臉的時候有被摸胸部，但當時我臉敷著面膜加冰敷看不到，忽然胸部被一隻手抓了一下，上次退費的王太也是，她是被抓屁股。」

阿長轉頭回店裡求證，女師傅一被問自然不開心，說要是服務技術不好可以說，怎麼可以說是變態吃豆腐，太損人格。

結果各說各話，阿長無從判斷，最後女師傅氣到丟下一句：

「拜託，要也摸GAY，身材好，誰要摸她（王太），鬼才摸。」

這話如雷一劈，阿長想起第一次來到這間工作室的經驗，再想想這陣子在店裡時不時覺得頭暈，總結之後跟我們說：

「這間店有色鬼！老闆娘，眞的是色鬼騷擾女客人才跑光的啦！」

「色鬼——那只是客人不想被扣手續費的話術啦，妳怎麼會被話術唬弄呢？妳有遇到鬼嗎？」

阿長急了。

「我看不到，但有頭暈，頭暈表示有鬼啦。」

「偏頭痛啦，等妳遇到色鬼再說。」

「我一把年紀色鬼不會找我，被騷擾的都是年輕身材好的，老闆娘妳去看看，說不定色鬼就會出現，妳這麼漂亮。」

最後被話術唬弄的是我太太，隔天換她去二店坐鎮。

我對色鬼這說法半信半疑，但自己的太太去傳聞鬧鬼的地方（還是色鬼），自然不放心，就這樣跟著她上班兩個禮拜，營運逐漸平穩而且連個鬼影都沒看到。

某晚，我去找朋友談事情無法陪太太收店。

太太一人在店內盤點進貨的精油數量，忽然聽到後面有喘氣聲，起初以為聽錯，直到那喘氣聲已經在耳邊，並且有風吹的感覺，上面有說到這間店很小，放眼望去沒有可以藏躲的地方（除了廁所），空蕩蕩的工作室只有我太太一人。

這下她開始怕了，趕快收拾東西就想離開，剛站起來冷氣機就莫名被打開，她拿起遙控器怎麼按都關不了，只能站上椅子去按冷氣機上的開關，但就在一站上去時，一隻粗糙的手掌，從小腿一路摸到大腿內側，我太太直接大叫跳下來跑離工作室。

第二天我馬上找朋友開始打聽，哪間廟哪位師傅有名。

我們拜了拿督公、用了朋友給的一些

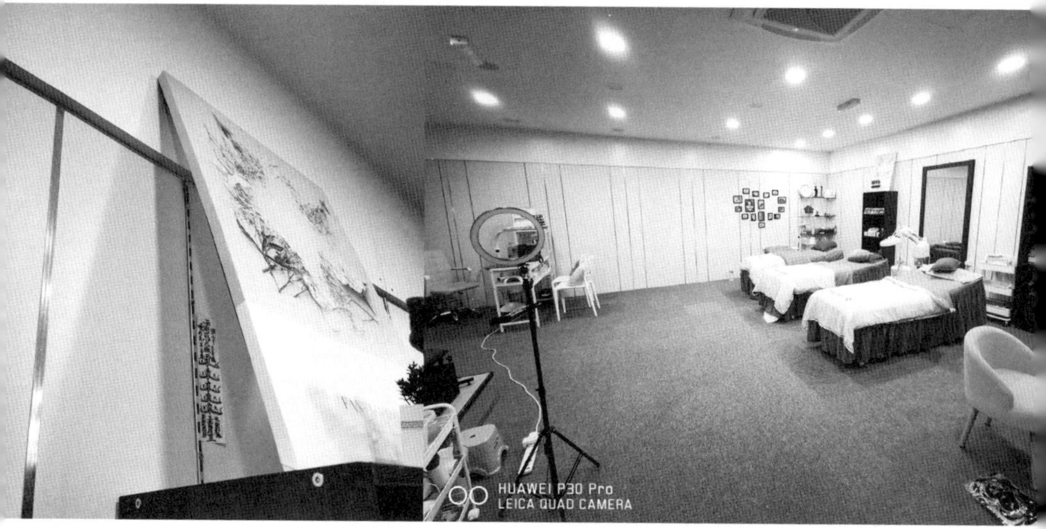

護身符，甚至還請人從台灣寄媽祖壓轎金來，通通沒用，也不能說完全沒用就是平靜一陣子，色鬼又會出現，一直到我輾轉從一位知名的風水老師轉介，台灣有一個三龍法師是他的好友，擅長使用符咒。

三龍法師說五雷符對鬼來說就是最強大的驅逐令，色鬼當然也是可以，起初以為要幾萬塊（畢竟前面也花了不少錢），沒想到價格遠比想像中的平易近人，買了一張寄到家裡，照三龍法師所說貼在一幅畫的後面，為期半年都沒有再聽到被色鬼騷擾的消息。

後來找阿長回二店用她的「頭」感應一下，也沒有頭暈想吐的症狀。至於這間店之前是不是死過人？是不是凶宅？問了房東都說沒有，偏偏馬來西亞對於凶宅的規範沒有台灣那麼嚴謹（這時覺得台灣好），後來有跟三龍法師詢問過，即便不是凶宅如果房子空了很久，也是有可能鬼會入住，畢竟「鬧鬼」的成因太多，但至少有五雷符在，是不用太害怕。

**#我是小馬**

**#因為是在馬來西亞發生的故事**

**#乾脆叫我小馬**

# 民俗記者錯別字 VS 符咒師三龍法師

錯別字：為什麼要把符咒貼在畫的後面？

三龍法師：傻啦，如果你去一間店看到店內貼一張符咒，上面寫了五個雷又寫驅邪什麼，哪個客人敢來消費。

錯別字：所以五雷符藏起來、蓋起來，效果不會被打折囉？

三龍法師：不會，可以想像它是一個蚊香概念，不論放在哪裡，驅鬼的磁場都會持續釋放，不論什麼鬼都會離開。

錯別字：五雷符是道教認為破壞力最強大的能量，何以見得？

三龍法師：關於五雷這些，在道法書籍都有寫，但我想讀者沒興趣聽這麼硬的內容，你有聽過雷擊木嗎？

錯別字：被雷擊劈過的樹木。

三龍法師：對！但不能劈死，要劈完還繼續活著的樹木才稱之為雷擊木，對我們來說是非常好的素材，因為雷就是貫通天地陰陽宇宙能量，這樣的木頭蓄積保存雷擊的能量，做為法器可說是自帶加百分之八十爆擊力概念，由此可知雷電在道教中的能量是最強的。

錯別字：好比我們常聽到的五雷轟頂。

三龍法師：可以這麼說，所以電影才會以五雷令去打紅衣小女孩，因此對付色鬼也不是非得動用到五雷符，只是因為小馬人在馬來西亞，我也不方便過去一趟，再者小馬也提過他放過很多驅鬼的物品效果不好，我不能確定是沒開光還是那隻色鬼太頑強，所以直接給最強的五雷符，就是最保險的。

錯別字：好色的力量真強大啊。

# 玄官定神符

如果說你被鬼壓床，一定認為家裡或旅館房間鬧鬼不乾淨，既然打鬼就要找五雷令的符咒，但有些狀況並非如此。

接下來我會以第一人稱的方式，改編真實故事說給你聽。

**#大家好，我是Vivi**

**#工作的關係我很常出差到各地住**

我是業務部經理，幾乎每個禮拜都會出差住宿，有時還要飛往東南亞海外廠走走，可以說我會認床，但我的體質對靈度空間也比較敏感，所以三不五時就會被鬼壓。

起初會睡到一半醒來，就看到鬼先生、鬼小姐站在床鋪的四周，當我睜開眼與祂們四目相對，我的四肢卻無法動彈，讓我想到電影《奪魂鋸》情節，被綁在木板上等著被凌遲，但相較於拼圖殺人狂來說，鬼真的和善很多，就是動眼不動手，所以後期我遇到鬼壓床，就是閉起眼繼續睡，沒過幾分鐘就自由了。

唯獨有一次去菲律賓出差，那時遇到一隻渾身焦黑的男鬼，祂除了在天花板的正上方盯著我，還會忽然下降又上升，這樣忽近忽遠的舉動讓我要閉眼睡回去也很難，那一次之後我就覺得該想辦法去解決。

我開始隨身攜帶一位前輩送我的關老爺玉珮，只要戴著睡覺基本上都不太會有鬼壓床的狀況，頂多變成做惡夢，所以不論怎樣我的睡眠品質都不是很好，尤其隨著年紀增長上看到四字頭，睡不好第二天的工作自然大受影響。

說拜拜我也很常去，舉凡出差附近有大廟我都會開車過去拜一拜，手上也戴佛珠，包包也準備幾個護身符，甚至開始念心經穩定情緒，但鬼壓床跟做惡夢的狀況還是時好時壞。

之後的疫情改變了整個工作的型態，不用出差只要在家視訊會議，處理所有產品的出貨、客戶的合約修改、臨時的銷單等等，但連我在家睡也被鬼壓，後來沉寂兩年的業務量在二〇二〇年底一次爆發，公司想要把之前虧的討回來，我帶著團隊四處跑客戶，出差的密集度幾乎變成三天就要坐一次高鐵、睡眠的問題越來越嚴重，最終有次在談完合約回台北的高鐵上，我暈倒了，公司不得不要我休息一陣子。

也因為自由時間變多，我開始買書、看YT頻道，甚至透過朋友介紹找了醫生跟睡眠專家聊聊，結果有趣的是專家私底下竟然跟我說：

「如果我們醫學（專業）的建議妳都有做，還是一樣，那妳應該找個老師看看，是不是卡到。」

我以為這些白袍學者對黃袍法師是不當回事，沒想到竟然會給我這樣的建議。

我也問了很多老師，買了不少符咒、水晶淨化磁場等等，也是時好時壞，三龍法師也是我名單之一，起初他要開護身符給我，我就直接說護身符沒有少過，並且再把我的狀況詳細說了一次：

奉
六甲神將
六丁天兵

「如果妳在家裡都會被鬼壓，但妳又肯定家裡是沒問題的，那可能就不是鬼找你麻煩了。」

「會不會是我的體質比較容易接觸靈度空間，腦波頻率比較不一樣之類的。」

「嗯——這麼說也有可能，那我重開兩張符。」

符很快寄到家裡，一張還是護身符，另一張卻是「玄官定神符」，這我第一次看到。經過三龍法師的解釋，大意是穩定我魂魄腦波，符咒要放在枕頭底下壓著睡覺，感覺好科學的一張符咒，至於護身符就是隨身攜帶。

我不知道是不是心理作用，這符咒真的比吃什麼藥都有用，連作夢都變少，但因為我並不是只找三龍法師處理，在那段期間我還有練習睡前冥想跟上TRX運動課程（懸吊式阻抗訓練），到底是哪一個環節幫助到我？或是都有幫助到？都很難說。

但至少，之後出差我都會帶著「玄官定神符」壓枕頭底下，第二天一定會收起來放在皮夾，不過有一次因為換行李箱的緣故，我竟然忘了帶，那一次我去台中出差住旅館，一整晚我一直聽到有人在我耳邊說話，然後三不五時聽到有人開房門聲音，但是我起身一看門扎扎實實關好，也因此一整晚都睡不好。

所以我想我的睡眠品質，真的是跟符咒有關係的。

回去之後我跟三龍請三張，家裡一張、外出一張、皮夾再一張，就沒有再遇過忘了帶的狀況，直到最近三龍法師的朋友錯別字打給我，詢問這則故事的細節，我說目前還有進行的就剩冥想跟攜帶符咒這兩項，TRX不是沒用而是太累，我轉上別的課程。

**＃大家好，我是Vivi**

**＃這是我過去鬼壓床的經驗**

# 民俗記者錯別字 VS 符咒師三龍法師

錯別字：這符咒你開給我用過，二〇二一東京奧運我被公司抓去充當一個月的體育特報主播，那時壓力大到受不了，你給了這道符我乖乖壓在枕頭底下，還真的睡得比之前好。

三龍法師：因為睡覺時人的魂魄本來就不穩定，而有些人是超級不穩定，還會看到神啊、看到祖先啊、看到鬼啊，最常反應的狀態就是鬼壓床。

錯別字：我都還沒問，你怎麼就回答了？

三龍法師：我已經知道你要問什麼了，所以我們看到Vivi的狀況，她平常白天跟晚上是不會撞鬼的，所有撞鬼經驗都集中在睡覺或是剛睡醒，所以比較會需要「玄官定神符」，可以想像安定腦波之後，就不容易被鬼入侵。

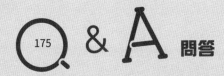

錯別字：這種安穩睡覺的符，是不是小孩夜啼也可以用？

三龍法師：不虧是二寶爸，沒錯，有時客戶說起小孩半夜睡不好，我也會開這道符，當然也有小兒夜啼專用的符咒。

錯別字：但如果有睡眠品質的問題，還是要先看醫生。

三龍法師：當然，所以接到這一類的客戶，我第一時間都是要他們先去看醫生，身心科、精神科都好，就是要先從根本問題處理，有些看完醫生找到心理壓力的主因，自然也不用找到我，那Vivi是已經都看過，我才願意跟她繼續談下去。

錯別字：其實法師也滿像醫師的欸。

三龍法師：這樣說不知道醫師們會不會不開心，但就某些層面是！我們要從民俗觀點去判斷對方有什麼問題，給予他民俗上的處方（符咒）或是進行手術（科儀法術），當然醫學的嚴謹程度更高，所以無論怎樣的狀況都要請民眾先尋求醫學的管道協助後，再來找我們玄學，這是我一直強調的。

錯別字：那如果像我常常做夢，是不是也可以用一張壓在枕頭底下。

三龍法師：當然可以，不過連你做春夢也會一併停掉喔。

錯別字：嗯——那我再想想。

敕令〇〇〇

# 鎮宅符

**#我是三龍法師**

**#這是我跟鬼打架最硬的一場仗**

故事發生在二〇一八年六月二日，半夜十一點二十二分。

當時我洗完澡換好衣服，準備躺下休息時，LINE傳來訊息，傳訊息的是很親近的自家兄弟，但我看到一句沒頭沒尾的話：

「我女友卡到陰。」

我滿臉黑人問號，怎麼會這麼斬釘截鐵，於是我回問：

「什麼症狀呢？」

「要破壞〇〇的婚姻……」

這是什麼對話？沒有邏輯啊，我還在想「現在是你卡到？還是你女友卡到？」手機就出現FaceTime的視訊來電，點開看到兄弟口中「被卡到的女友」，姑且叫她小卡。

第一眼看到小卡，我就馬上明白了。

小卡身材纖細，卻被兩、三個大男人壓在座椅上，看起來他們在一處民宅，畫面閃過神桌一角，我猜應該是民居型的宮壇。

小卡之前我見過幾次，大致輪廓還記得，但眼前這位雖然是同一人，但感覺又完全是不同人。

光是肢體動作跟表情，你不用會通靈也不用是法師，都會知道小卡被附身了！當我還在想怎麼會搞成這樣，小卡的眼神忽然投射到我這邊，惡狠狠瞪著我說：

「我要帶她走，我今天就帶她走——」

視訊結束，我馬上回我兄弟，要他們把小卡帶來我這裡處理，但我兄弟說沒辦法，說小卡不停掙扎而且力氣變得很大，要兩個大男人才有辦法壓制住，如果開車過來，在路上怕小卡會有攻擊傾向太危險。

聽完，我立馬換了條短褲，抓了鑰匙開車去他給我的地址，在路上我就想，今晚會是場硬仗。

說真的，這種時間點又是這種案件，我一點都沒有很想接（一切都是為了兄弟），不知道會弄到幾點，甚至不確定會弄到好，加上我明天一早要去參加另一個兄弟的迎娶，我還要開車載新娘，光想到就覺得累。

一路上我開擴音跟我兄弟了解細節，卡上小卡的鬼表示「一切沒得談」，所以宮主也不廢話直接硬幹，又打又捶怎樣都逼不退，只能說抗打能力很強，算一算已經過了兩個小時，所有男人都累了，小卡還是活蹦亂跳。

硬的不行，只好來軟的，坐下來聊聊，結果還是被噴了滿臉髒話，看來這隻鬼軟硬都不要，折騰到一天之中最陰之時的凌晨一點，這隻鬼變得更凶，頻頻狠嗆：

「你們敢這樣逼我，那我就帶走她，讓你們永遠看不到她！」

「阮無法度啦[8]，這個可能要找會符咒的法師，才處理得動。」

宮主無奈舉起白旗，我兄弟聽到「符」這關鍵字，馬上想到我，才找了我來。

二十多分鐘後，我車子停在兄弟家門口，想說要來大幹一場了，結果一開門就看到，小卡睡著了……

我一手自家主神的令旗，一手壓煞符，一件短褲一件短T殺來，結果附在我兄弟女友身上的女鬼，躺在涼椅在神明桌前睡著了！我還懷疑是不是搞錯什麼，但是看到我兄弟跟現場的男人，通通滿頭大汗一臉驚恐，我想是沒錯的。

我也沒寒暄，直接拿起符令與壽金點燃，便開始默念咒語：

「天地玄宗，萬炁本根……」

都說是默念了，音量小到幾乎聽不到，甚至現場的大男人呼吸聲都比我還大聲，但我第一段都還沒念完，小卡開始皺起眉頭，身體也微微顫抖，我繼續念小卡的頭開始晃動。

接著，眼睛瞪得超大！

就是我在視訊上看到，充滿恨意的眼神，然後馬上就轉過頭瞪著在念咒的我，我停了下來並開口問：

「祢（女鬼）爲什麼要附在她（小卡）身上？」

祂沒回應，我再問道：

「小卡有什麼地方得罪、沖犯祢嗎？」

8　台語，「沒辦法」的意思。

祂原本怒睜的雙眼，慢慢瞇了起來，呈現半開半闔的狀態，頭略偏向一旁斜視著我，上下打量眼前這小子是誰啊？但始終不回話。

我耐著性子，接連問了很多問題，是不是要申冤？超度？祭祀？但小卡始終都沒開口，表情持續呈現不屑，最後我下了通牒：

「我現在給祢機會好好講，不講，是嗎？那等一下，咱就甭談了喔……」

祂終於給了回應，嘴角上揚輕蔑的冷哼一聲，既然如此就開戰吧。

剛剛符燒了一半就丟在旁邊，就像警匪片中為了讓歹徒卸下心防，我先把槍丟到地上踢走，現在談判破裂我再去撿槍，那真的太丟臉，更何況丟了把短槍，我身後還有一把自動步槍，我把放在身後收捲的主神令旗，直接攤開，就往小卡頭蓋上去。

同時，右手急運，結起法指手印，當令旗蓋住祂的瞬間金剛指同步插住祂的眉心，集中精神意念，念動法咒，雖然隔著令旗看不到牠的表情，但祂撕心裂肺的吼叫聲在屋內迴盪，全身劇烈掙扎，四肢揮舞著，所有大男人衝過去都快壓不住。

像是一條在砧板上的魚啪、啪、啪那樣掙扎。

但我隔著令旗，與祂唯一接觸的點是我的中指，但我完全沒有感受到祂極大的力道，大概像用一根鐵釘貫穿了魚頭吧，任憑祂怎麼甩、怎麼跳、時而狂喊、時而哭叫，我都憑一指之力按住額頭眉心。

雖然我的動作不多也不大，只維持了同樣的姿勢，但屏氣凝神、專注念咒，不到十幾分鐘我也滿頭大汗，汗水滴落到眼鏡上，連內褲都已經濕了。

雖然小卡痛苦不堪，但真的抗打能力異常地強，始終不願退掉，我不知道具體時間，但應該有一小時吧，發現小卡身體扭動的幅度變小，手腳揮舞也變慢，於是我拿起令旗、雙手插腰，腰真的「靠腰」得酸，我就再問一次。

「會痛嗎？要退了嗎？呼呼——」

眼神已經沒有之前的銳利，也不見輕蔑傲氣，取而代之的是倔強不肯屈服，祂小小聲說「我不要——」，深吸一口氣後高八度尖叫吼出「我不要——」

這奮力一吼用盡洪荒之力，像是戰意提升的Buff[9]之類，現場的人通通嚇到鬆手，但我不感害怕或被威脅，甚至沒有一絲生氣憤怒，而是一股憐惜，腦海中居然閃過，我女兒情緒失控，番顛的樣子。

但畢竟這女鬼不是我女兒，既然不屈服我也只好告知：「那繼續吧！」

我把令旗蓋上祂的臉，開始念咒：

「心澄無念，存想體現金光，罩映吾等人身……」

小卡也從「不要——」慢慢越來越小聲，轉為不斷呢喃「為什麼——」

我想差不多了，把令旗一抽，法指收回，小卡瞬間暈過去。

「啊，應該是退掉了喔」

「哇，金正有這款代誌[10]。」

「唉唷！感恩三龍法師，我女兒命保住了！」

旁邊圍繞的一直都屏氣凝神不敢說話的眾人們，鬆了口氣，都開始議論紛紛。

「收走了收走了，我剛看到一個靈體被拉出來收進去旗子裡面」，原來兩位收驚的宮主也在圍觀群眾當中。

而昏睡過的小卡，約莫三分鐘後緩緩醒來，表情臉色雖然虛弱，但眼神一看就知道已經恢復原本的樣子，看她的眼神，似乎對現場有那麼多人圍繞著她感到疑惑。

9 Buff在遊戲中是指「增益、增強」。

10 台語，「真的有這種事情」的意思。

小卡的媽媽也就把小卡帶回去樓上洗洗睡，而我跟兄弟兩人去外面抽口菸。

「到底是去哪卡到這傢伙的？」

「這傢伙這麼頑固，寧可戰到最後一刻都不退，是爲了什麼呢？」

「收驚壇的宮主，平常都有在辦事處理，剛剛也看到了一條靈體被拉出收進令旗，說起來也不是完全沒能力的，而且事主家裡有安奉神明，全身也並非空殼，這傢伙居然都無視，照樣撒野，能力還眞是不錯的啊？」

「不知道卡了多久？才會這麼難退」

「感覺是個小女孩啊？是個任性的丫頭……」

隨著煙霧的吞吐，腦袋也對這事浮現了一些疑問，我問去哪裡卡來這隻鬼，這麼凶？我兄弟一頭霧水，說最近想在外租房要跟女友一起住，今天下午是帶著女友跟女友媽媽一起看傢俱，但不知為何在車上起了口角，起初想說算了，但小卡越罵越兇，連自己的媽媽都傻眼，自己的女兒再怎樣公主病，也沒這麼誇張。

後來就失控完全控制不了。

那我也納悶，去個傢俱店又不是紙紮店，何來卡到？不過更痛苦的是等我離開已經天亮了，我回家洗個澡就直接換西裝去我另一個兄弟的婚禮，婚禮結束的下午，我直接回家睡到第二天晚上九點。

醒來才想到附身在小卡身上的女鬼，經過請示神明，以及一些過程的對話線索拼湊才知道。

原來這女鬼已經卡了五、六年了，是個未成年的小女孩（難怪屁孩味這麼重），因為這女孩從以前就很不平衡，沒人祭拜之外還看著小卡有眾人愛、有爸媽陪、有男友寵，心裡越來越不平衡，加上其實小卡偶爾也會跟這女鬼對話，幾乎是和平共處一陣子，才演變成女鬼想把小卡帶走，因為只有小卡跟她是朋友，但矛盾的是同時她也忌妒小卡擁有這些，所以要奪走。

逐漸明白，為什麼我對祂的叫囂無禮，並不覺得倍受威脅恐嚇，反而，有一絲無奈與憐憫，以及為何理當繃緊神經的交戰場面，剎那間腦海卻閃出了一幕我女兒情緒失控「盧小小」（無理取鬧）的樣子。

原來祂還是個孩子啊！（雖然不知道死了多久了啦，但心理狀態還是維持是個孩子。）

唉，面對一個鬧情緒番顛的小孩，被挑釁得很氣，真的不出手教訓一下實在也忍不下去，可是，就算小孩子「叩叩灰」（一直吵鬧），我們被吵到抓狂開扁好了，其實也只是希望制止跟糾正他當下的行為，而不是真的想殺了他或傷了他，再怎麼抓狂，也要告訴自己記得控制力道，扁完後自己的心，比孩子皮肉還痛，總是含著淚幫他們擦藥，怕剛剛是否力道太大而傷了他們。（這點我相信當了爸爸媽媽的讀者，應該能感同身受我在說什麼。）

雖然，這個外靈並不是我們的骨肉，是不至於到傷了祂，我有多難過啦。但當你感受到，祂只是一個女孩子，一個比較任性、比較「盧小小」的女孩，你會不管三七二十一的把祂給斬了嗎？

人死為鬼，鬼如果再死一次，就魂飛魄散了，再也沒有機會了。

身為一個法者，不該拿著雞毛當令箭，即使祖師法主，賦予了我們降妖伏魔的能力，也不可以隨意出手就要斬要殺的。（當然，就像警察攻堅，若遇到亡命之徒，你不開槍打他，他就先殺你，那就另當別論，被格斃也怪不得誰了。）

但這個女靈，雖然很屁孩，雖然恰北北，雖然很崩潰，卻也還沒到那麼窮凶惡極的程度。而且了解之後，依稀明白祂生前有一些不愉快，或許家庭不幸福、不被家人疼惜又遇人不淑，感受不到愛而忿忿而終，死後帶著怨念，又無人祭祀、無所依歸，只好飄蕩在這人間。

說起來也怪可憐的，在某個機緣場合，遇到小卡，小卡本身的體質就比較敏感，氣虛身弱、魂魄不穩，就這樣卡上了。卡到跟上了之後，善良的她對祂

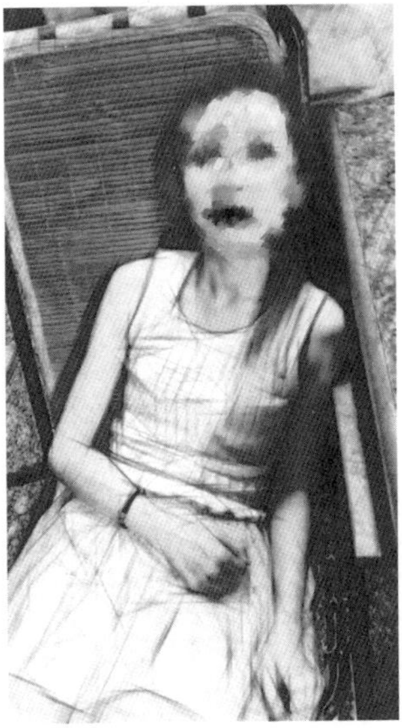

沒有敵意，所以祂也無意傷害她，但看她有幸福美滿的家庭與親人，還有百般呵護體貼的情人，怨念加上嫉妒之心，激烈的情緒波動烈火中燒，而產生了一種占有的慾望情愫，想藉由附體做出一些讓人討厭的事情，無理取鬧、吵架找碴，讓周遭的親友遠離她。（怪不得，在開頭的LINE對話裡面，會出現那句「要破壞○○的婚姻」這看似無厘頭的話語。）

那她就可以心無罣礙，不留戀人間的跟祂走了。

荒唐的想法邏輯？可不是嗎？的確是不該有這種錯誤的想法。但人的情感執念，往往不就這麼自私、這麼幼稚不理智嗎？

活著的時候，況且許多人如此，何況是個還來不及長大成人，就往生當鬼的丫頭，執念更是強，程度上雖然有點匪夷所思，但倒也就不那麼不可理解了。然而祂之所以能潛伏了好幾年，是因為都沒有顯現出像今天這樣直接擺明是附身的樣子，大部分都是默默地就切換過去，做了些什麼、說了些什麼，短暫一段時間又切回來。就是有點雙重人格那種感覺，會切換不同靈當主人，但被附體的人並沒有意會到自己的意識有時候是被抽離、被壓迫關閉的，有些言行舉止是被另一條靈給操控了這回事。

所以才能跟在小卡身上長達五、六年之久都沒被發現。很難懂嗎？青霞／紫霞仙子[11]，你知道吧？對，就像是那樣。

當然，這一切，都不是可以合理化所犯的錯誤與罪過的理由，附身占體、擾亂陽間就是該被懲罰的。所以，先用令旗、咒語、法指海扁一頓，也是剛好而已。

不過，其情可憫，罪不當誅。上天有好生之德，神明教我們要慈悲為懷。因此，我沒有出動斬殺的招式，只是把祂收入令旗帶回給主神收為兵將接受再教育而已。

有人拜可得香火，有吃有喝有金紙拿，還有專業培訓與教養，這安置，不錯了啦！

希望，假以時日，經過主神的磨練調教後，可成為一員得力猛將！

但回到小卡本身，由於她本身的體質敏感特殊，所以神明也說，她之後可能還會遭遇到類似的狀況，所以除了給小卡一張護身符跟五雷令之外，最主要的是新家沒有神明廳，更容易被靈體入侵，所以我也畫了一張「鎮宅符」給他們。

---

11 電影《大話西遊》角色。在電影裡，青霞與紫霞共用一個軀體，白天是紫霞，晚上是青霞。

我請兄弟一定要把這張鎮宅符貼放在家門口、窗戶、後門、牆壁這些地方，用海報、圖畫什麼遮蓋沒關係，但千萬不要弄濕弄破，然後一年後要再求新的，讓家裡就算沒有主神也有個結界守護。

處理過不少卡到的案件，唯獨這一起令我印象最深刻，特別百感交集，而且是最花我時間、最耗我體力與元神的一起。

【第六章】

# 特殊/冷門符

敕令

# 引鬼八宅符

我小時候最愛看的電影，就是林正英演的殭屍系列，又剛好八零年代的香港電影業最為高峰，大量的鬼片群魔亂舞跑出，每一部類型不同但一定有相同的元素，就是當鬼怪極為囂張時刻，一張黃色的符紙配上凌亂的毛筆字，這符咒一出什麼妖魔鬼怪通通閃遠遠，從那時候開始我就立志要當符咒師。

但你知道鬼怪為之恐懼的符咒，竟然也有化掉之後引鬼過來的引鬼符嗎？那引鬼要來幹嘛？就讓我這倒楣的李先生說給你聽。

接下來我會以第一人稱的方式，改編真實故事說給你聽。

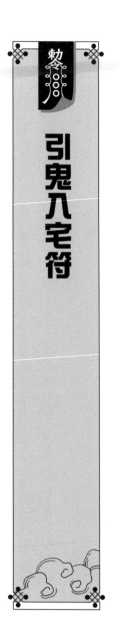

## #我是李先生
## #這是我跟前鄰居發生的故事

我跟三龍法師是前同事，之前都在禮儀公司上班，後來他離開之後跑去當大法師，我們都還有聯絡，算一算也認識超過十五年。

雖說我自己就是做生死相關事業，朋友又是大法師，但對於鬼這件事還是有點懷疑，畢竟自己也沒遇過，但也不是鐵齒不相信。

有一年，我們家對面搬來一對黃姓夫妻，老公開計程車的，老婆撿資源回收的，有一天晚上，都要準備睡覺了黃先生忽然跑來按我家門鈴，一開門劈頭就說：

「你拉鐵門能不能小聲一點？」

口氣不好還噴出濃濃的酒氣，我聽了也毫不客氣的回：

「我們家鐵門久久拉一次，你是不是搞錯啦。」

「就是你們家啦，每天晚上拉來拉去是怎樣，大家都不用睡是不是。」

我聽了就火大，我們家晚上根本沒拉鐵門，這酒空是喝醉，但對於喝醉的人跟他說道理是沒有用的，所以打發之後就當瘋狗亂叫，沒想到幾個禮拜後他又跑來按門鈴：

「×！講不聽是不是啊，就說拉鐵門小聲一點。」

我一聽火大。

「×！這幾天就沒拉鐵門，要發酒瘋去別的地方發。」

當天吵到鄰居報警，警察來沒多久就把渾身酒氣連警察都罵的黃先生壓回警局，事後警察也說我不是唯一一個被他鬧的，早在搬來沒多久，他只要一喝醉就會到處找人吵架。

我們也跟房東反應，偏偏房東說合約還在，無法強制要他搬走，警方也管不了他的行為，總不能二十四小時站在門口盯他，只能有人報案再來處理，直到有一次我真的忍無可忍。

那天我不在，這隻瘋狗來按門鈴又說鐵門太大聲，出來應對是我爸爸，瘋狗看我爸年紀大好欺負，竟然把我爸推倒在地上，害老人家閃到腰躺在床上好幾天。

我當然事後跑去找他們理論，他太太說老公不在，但看她處理的態度也是一副無所謂不然你報警啊，果然是夫妻，都讓人十足討厭，剛好幾天後三龍法師回來公司找我們敘舊，我把這些氣一掌拍在桌上罵出來，不少朋友都說要不找兄弟好好處理一下，三龍聽著聽著竟然跟我說：

「要不要我找好兄弟教訓一下，這樣效率比人快。」

「這時候你還在跟我開玩笑，我是眞的很氣欸。」

三龍笑了一下說：

「我沒開玩笑，我是法師欸，找好兄弟幫忙本來就是我的工作啊。」

不過一開始我就說，我對好兄弟的存在是半信半疑，我說你有養小鬼嗎？三龍回他不碰這種東西，隨後他跟我說會給我兩張符咒，還記得我家附近有間小小的有應公廟（一般人都是記朋友家附近有什麼商店、餐廳之類的，只有三龍都是用廟來記朋友家），跟我一起去找有應公，祭拜前我們買了一條香菸、一瓶高粱、半打啤酒和十包檳榔，並準備好一袋銀紙，東西通通放好之後三龍點起了香，先拜了拜天公，插了香轉身跟有應公說：

「各位好兄弟，想請你幫幫我朋友……」

接下來三龍把整個過程說給了有應公們聽，說完之後接著講：

「不要鬧出人命，就是給那位黃先生一點教訓就好，事成之後我們會再來感謝。」

說完，我看三龍念了咒並打了一個手印，接著就把銀紙跟其中一張符燒掉，另一張符要我偷偷丟到黃先生的信箱裡面。

結果不到一個月，黃先生連夜搬走了！

我為什麼知道他連夜搬走，因為第二天一早看到，他家的衣櫃跟一些大型傢俱放在家門口請搬家公司來收，但他人早就不見蹤影，事後問了房東，房東也說不知道為什麼，只知道黃先生有天急著說要退租，並且大罵：

「你這是鬼屋啊！怎麼一直鬧鬼啊，沒良心啊。」

房東才不去信有什麼鬼，這個頭痛人物有搬走就好，但我聽到之後不得不說，三龍的符咒真厲害，也從那一刻起我才真正相信有鬼的存在。

之後當然就是再把上述的物品買過一遍，我自己帶著去跟有應公說謝謝，之後有事沒事我也會來這間廟拜拜有應公。

**#我是李先生**

**#這是我跟前鄰居發生的故事**

## 民俗記者錯別字VS符咒師三龍法師

錯別字：這就是「引鬼符」啊，還真的可以找鬼去別人家裡，這樣也太可怕了吧。

三龍法師：技術上來說是可以的，這也的確是「引鬼入宅符咒」，不過這符咒一開始並不是找鬼幫忙嚇人，而是要進行一些需要鬼幫忙的儀式，會燒到的一張符。

錯別字：好比五鬼運財，我對這最有興趣。

三龍法師：沒錯，你對錢都很有興趣，再來就是我找的好兄弟其實是有執照保證的，就是去找有應公廟裡面的，雖說有應公屬於陰廟，但有蓋廟有修行也算是品質保證。

錯別字：那間有應公是拜什麼的啊？

三龍法師：之前是當地戰亂死掉的義士，所以行俠仗義請祂們幫忙當然沒問題，如果你跑去墓園還是鬼屋找一般的好兄弟幫忙，除非法師的法力高強，有辦法控制這票野鬼，不然就等著被鬼壓，還有一種是直接養小鬼來幫忙處理事情，不過往往很多法師養到最後反被小鬼養。

錯別字：那如果今天客戶找法師像你這樣請鬼幫忙，會不會鬼反而找上客戶麻煩啊？

三龍法師：嗯——如果法師自己都壓不住，那鬼找上委託者討東西也不是不可能，所以說不要隨便找不信任或是來路不明自稱法師的人，去跟鬼打交道，我是跟李先生熟到不能再熟，而且他也很信任我，加上非常時刻人家都欺負到他爸爸身上，我才出手相救。

錯別字：請鬼幫忙的效率看起來比請神還快，那這樣的話是不是泰國的鬼最兇，找泰國的鬼幫忙最厲害？

三龍法師：因為我是「台灣省堪輿命理協會榮譽理事長」，不是要炫耀，你別用那種眼神看我，我是說因為這樣的身分，我常常去跟不同國家的法師交流，不論香港的還是新加坡、馬來西亞，交流的過程中，大家一致認為泰國的鬼反而還好，很多時候都被神明兵將一下秒掉，或者看到大神就跑走，那是泰國電影把鬼拍得太可怕。

錯別字：泰國的鬼竟然最和善！你這樣說好像有道理，因為聽很愛泰國文化的朋友說過，泰國人其實都很樂天和善，也沒道理變成鬼之後反而凶狠起來，那這樣的話，哪一國的鬼比較兇？

**三龍法師：**印尼。

**錯別字：**印尼？

**三龍法師：**對，因為印尼保有很多原始生態，你不知道他們是用什麼植物、動物、昆蟲來做為降頭巫蠱，而且他們很敢跟你拚命，很多時候還會參雜了不同東南亞國家的術法，要破解的難度以及風險就更高。

**錯別字：**那這樣不就無解了嗎？

**三龍法師：**也不是無解，是解的難度高要拚拚看，這種事情就看誰的法力或者後面靈界的能量強，算是一種對決吧，何況也不是解而已，通常會被下法一定是有連結物或生辰資料等在人家手上，解了一次，後面還可以繼續下。所以除了解除，還要做防護，總之挺複雜的。

**錯別字：**那這樣我家平白無故鬧鬼，是不是就是有人引鬼到我家？

**三龍法師：**這只是一種可能，這時你就要找家裡有沒有莫名多了一些骨頭、符咒、奇怪的神像等等藏在家裡面，但往往這要找到都要一陣子。而且高手放法，遠端施法攻擊根本讓你找不到痕跡。我根本就沒對方的姓名生日，甚至長啥樣都不知道，我也沒進去他家，不也是成功了嗎？不過坦白說，我不接攻擊的法術，因為這風險真的太大了，這是我唯一一次有請好兄弟幫忙處理一下我好兄弟的問題。

**錯別字：**我要常常檢查我的信箱，看看是不是有被人家放符咒。

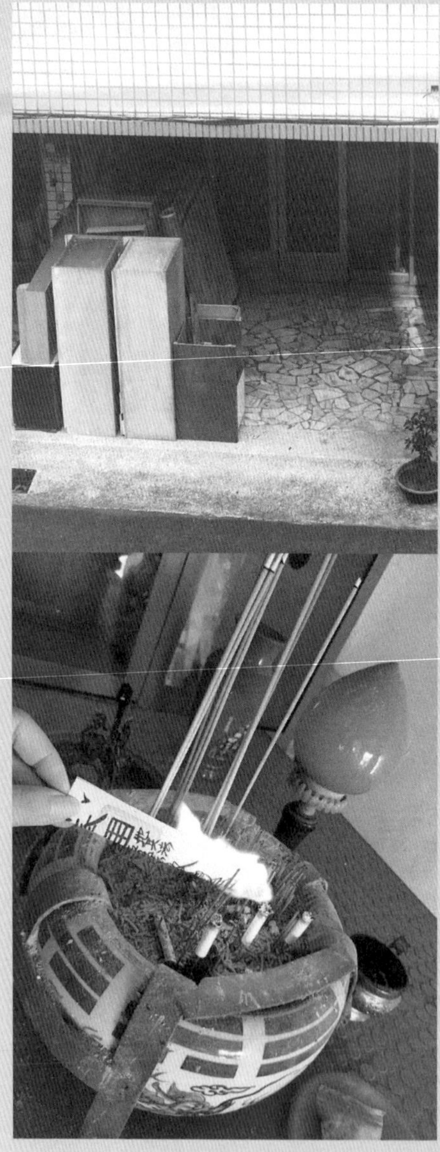

敕令

## 天羅地網符

藥能救人，也能害人，符咒亦是如此。

下降下咒的過程會用到許多的符咒元素，好比有的降頭術會用「引鬼符」，在特定位置、時間燒化掉後，就能像灑貓薄荷吸引一堆野貓自動靠近，別說iPhone都出到15的二〇二三年，到這本書定版的這個月，我還在幫兩個客戶化解被下咒的案子，一個仇恨值很高（老公外遇被小三攻擊），下了一個要命的降頭；一個投資糾紛被下運勢低迷的咒術。

接下來我會以第一人稱的方式，改編真實故事說給你聽。

# #我是沈董

## #這是發生在我事業剛起步的時候

我從事電器開關事業，簡單來說就是把家中所有電器線路做個整理控管，真要解釋清楚恐怕會占掉不少篇幅，而且也無關這則故事，你只要知道我這行在我那個年代是相當冷門的。

我當時的主要客戶是建商，希望在蓋新大樓時能採用我們家的設備，一開始很多專案都覺得這產品不過就是雞肋，我花了一年半的時間推廣，產品優勢才漸漸被不少人看到，終於每個月赤字由負轉正，也從工作室拓展到工廠，請了幾位員工當起老闆，有了自己的辦公室未來要接待客戶，那門面是一定要有的，那時不流行皮沙發，展現大老闆氣勢就是要訂製檜木的長椅，還要放些風水擺飾跟水墨畫。

我記得過年開工的那個禮拜，我一位工作上的好兄弟，就送給我一甕聚寶盆。其實外型跟不少店家放在收銀機旁的差不多，黑底上畫著藍色綠色的紋路，打開一看裡面裝滿了黃水晶、錢幣，底下隱約看得到一張黃色的符紙，我的好兄弟給我看完裡面之後，輕輕拿起一塊紅布包住，再纏緊紅線小小聲跟我說：

「沈總，這可不是裝飾品欸，求一位很厲害的法師，等了一個月才等到加持，裡面的黃水晶象徵黃金，讓你今年賺一桶又一桶金啦，裡面有藏招財符，沒事就不要一直打開，好好放著就好。」

我這位朋友叫小李，以前是位建商公司的副總，後來自己出來開公司，也算跟我一起打拚起來的兄弟，他這人特會說話又懂禮數，所以爬得比我還快，那天他幫我把這招財甕放在辦公椅的正後方木櫃上，隨後我便請他去吃飯。

但說也奇怪，從那之後生意越做越不穩，開始出現虧損又或忙了一整個月才持平，第一個念頭就是從市場調查、開會檢討、更改定價等等下手，以前這些調整都會在帳目上看到效果，偏偏上半年生意始終沒有起色，小虧做收。

當然燒香拜佛少不了，也找了風水師看過工廠、調整過辦公室位置，但始終沒用，也不是說沒用，就是好一下下之後又掉下來，並且同一年我還跟小李鬧翻，因為幾次不老實的報價讓我直接跟他攤牌，小李就是笑笑說下次再補給我，不知道第幾次後連他都惱羞，大吵一架就沒聯繫。

終於，灰暗的一年給我熬了過來，公司一切回穩又開始賺錢，我記得差不多在快過年的時候，想說新的一年要先預約個老師，給整間公司的風水換個氣，那時有位長輩推薦我找三龍法師，起初看他的粉絲團分享不少民俗故事，也上過好幾次新聞，加上是認識的長輩介紹，所以三龍直接北上先幫我看看，他拿著羅盤從工廠大門量到廠房，再走到底是我的辦公室，一樣繞一圈隨後說：

「嗯——就以風水來看，該注意的通通都被前面幾位前輩（老師）處理好了，你這點沒什麼問題啊！」

「哀，老師，我也只能說還好有這些老師幫忙，要不我可能直接倒閉。」

「很怪的是，人的運勢、風水都會影響一整年的起起伏伏，但就算再衰的人也不會有起不來的時候。」

我把三龍法師請到我的辦公室，泡茶訴苦，把我去年有多慘說給他聽，三龍法師很健談懂得也很多，最後我跟他求了幾張跟事業有幫助的符咒，最後他提醒我：

「有些符咒燒掉會產生短期爆發力，有些符咒放著是長期穩定輸出，但也不是永久，一年就要充電或換新的。」

說到這，我想到小李送我的那桶招財甕，差不多也超過一年了，裡面就有張招財符，照這樣來說也該挖出來換一張新的了吧，三龍法師建議挖出來換張符咒，而且黃水晶也該重新淨化磁場，不能都放著不管，如果不嫌棄他可以幫我處理。隨後就解開紅布，把蓋子打開放在旁邊，並逐一取出黃水晶跟錢幣，最後打開一張正方形已經稍稍褪成淡黃色的符紙，符咒上用紅色毛筆畫了五橫條四直條的網子，四周又打了勾勾，中間有看不懂的紅色字樣，三龍法師看了很久，欲言又止：

「老師，你有什麼話就直說，我這人不在意細節，直來直往沒關係。」

「嗯——沈老闆，我想問問你，你這招財甕是從哪找來的？」

「不知道，當初是一位客户送給我成立公司的。」

當下我還沒跟三龍法師說我跟小李鬧翻。

「嗯——招財甕本身沒有問題，水晶也是眞的，但關於那道符咒我拿出來看，並不是招財符。」

「那是什麼？」

「這道符叫天羅地網符，是把一個人的元神蓋住的，也會把一個人的好運通通網起來，它不是一個好東西，我不知道是你的朋友不知情？還是請來的法師有問題？」

我聽完之後，換我久久說不出話，什麼大風大浪沒見過，但我竟然被一道符給嚇到了，真的嚇到手有在發抖，從我收到這招財甕公司事業一路往下，死命撐著才沒倒掉，竟然是被下咒，又剛好如三龍法師所說一道符一年過後會失效，我的公司也是一年才又

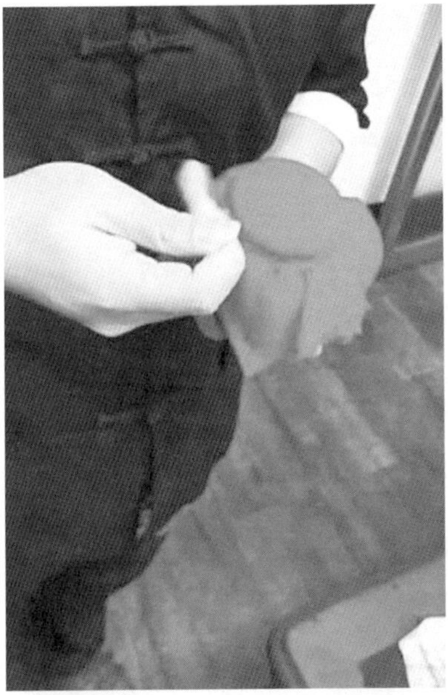

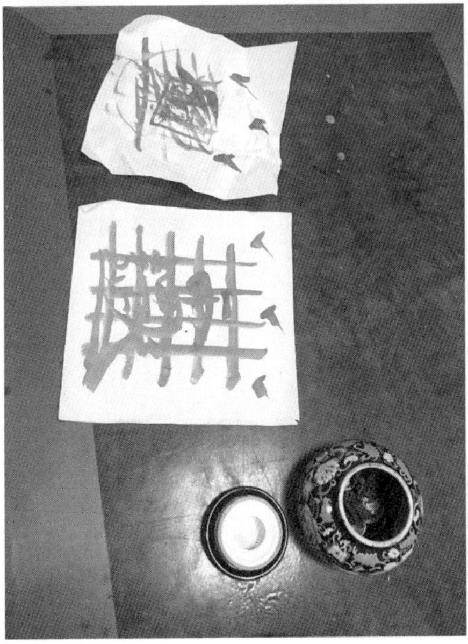

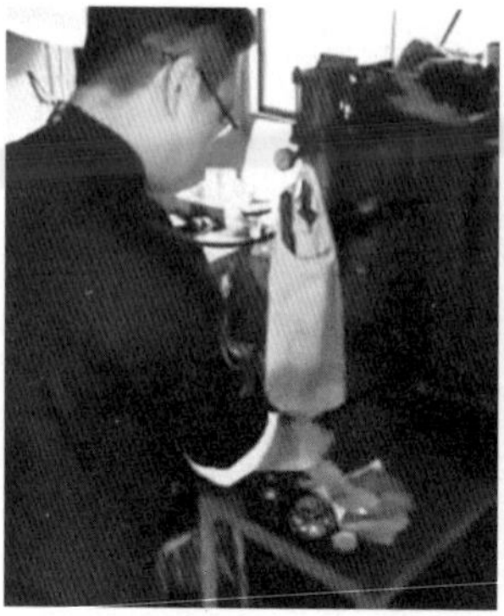

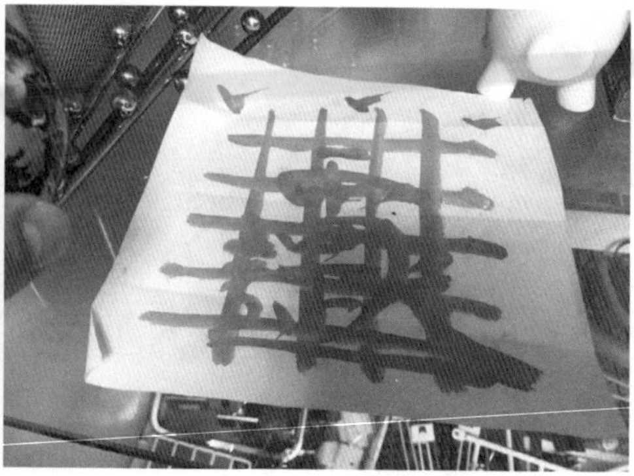

轉完正常，這很難說是巧合，等一切冷靜之後，憤怒的情緒開始燒了起來，把剛剛的害怕一併轉為髒話，毫不保留在三龍法師面前臭罵小李，第一時間有嚇到他，但他似乎也不是第一次看到，邊安撫我邊帶我去旁邊喝茶。

最後我問三龍，該怎麼辦？這招財甕要不要丟了？三龍說不用擔心，符咒本身沒有效力，這個甕現在只是個裝飾品，清過內部重新啟動儀式，就可以把這甕轉為招財的功效，類似電腦重灌，有問題的符咒（病毒）已經燒毀，不用擔心。

但說真的，誰會想放一個害過我的東西在身邊，即便如三龍所說，但看到心情就不好，最後我直接整組丟掉。

其實在一開始，就有幾位同業暗示我小李這人心

術不正，標準的笑面虎，但我覺得相處起來很自在，而且也沒遇到什麼事情，後來我們各自成為老闆，金錢上的往來才讓小李的嘴臉漸漸浮出表面，好幾次講到小李這件事情，換我想要反下他降頭，但三龍法師一再阻止也不願意接這單。

這次經驗我學乖了，別人要送我開運畫或是三腳蟾蜍這些我一律婉拒，就算只是小小的開運小物什麼發財幣我也不敢放在辦公室，陰影太深了。

**#我是沈董**

**#這是發生在我事業剛起步的時候**

錯別字：聽完這故事，似乎對方沒有生辰八字，一樣可以害到我欸，但殺傷力比較不高對吧？所以沈董才挺得過一年，可以這麼說嗎？

三龍法師：一半一半，畢竟這是發生在一整年的，影響的因素太多了，好比沈董有請高人點過風水、做過祈福法會，多少都可以緩衝天羅地網符的效果，當然你也可以說沒有生辰八字，所以攻擊沒有這麼直接，不過有些降頭什麼都沒有，只要符咒在當事人身上，一樣殺傷力很大。

錯別字：那豈不是防範不了，只能說別人給的符咒、開運商品都要小心。

三龍法師：確實是啊！最好的辦法就是來路不明的宗教物品都不要收，甚至很多時候並不是當事人要害你，而是當事人不知情，好比你有參加過媽祖遶境、進香這些活動對吧，沿路不是都可以索取壓轎金，就有信徒在路上撿到一疊壓轎金回去送給親朋好友，但其實他撿到的是曾經發生過車禍，留在現場給死者或孤魂的銀紙，一般人分不太出來金紙銀紙，媽祖繞境在路上看到一疊紙錢，就以為撿到寶，送出去自然也是不好。

**錯別字：**那別人送的東西，我也不可能不收啊！

**三龍法師：**你可以先問對方「這有沒有開光？」，如果沒有，那就是一件藝術品，看你放哪順眼都可以，但如果對方說有開過光，那就要注意。

**錯別字：**但如果真的開光騙你說沒開光，真的入靈了騙你沒入靈，一般民眾也看不出來吧。

**三龍法師：**沒錯，所以說往往會害到你的人，都是你親近的人，陌生人你會有防備心，也觸碰不到你生活的細節隱私，說真的，不熟的人要下咒術害你難度還比較高，反而越是親密的人，掌握你最多資訊，而且你會疏於防範，這種親近之人用包裹糖衣的毒藥害你，才真是防不勝防，也是最恐怖的。當然也不是每個人都那麼有城府、充滿心機那麼可怕啦，只是說我們常常接觸各種案例，看得多了，什麼奇怪的眾生百態都有。有時候也不是這個送禮的人真的存壞心，但偏偏找到那種兩光的老師，學藝不精，甚至是裝神弄鬼，自己胡亂拼湊的東西，弄巧成拙，導致開運不成反而帶衰的。

所以有時候宗教法器、開運物品、符咒這類的東西，真的要找信任的師父處理，來路不明或者人家好意送的，不見得真的是適合你的東西，要特別小心。如果真的收到了，也可以請信任的老師，幫忙確認或淨化過會比較妥當。

敕令

# 化骨符

#我是三龍法師

#符水可不可以喝

#我用一則約十幾年前的故事來說

當時我還住在嘉義，同社區大樓的一位鄰居，也是以前從事殯葬業的前輩，跟她交情蠻不錯的，姑且叫她阿如姐吧。

自從我轉行去學法師，淡出殯葬業，跟阿如姐就比較少交集，突然有天阿如姐發訊息問我：

「三龍法師，你有沒有聽過『化骨符』？」

我有點訝異，在這個年代知道「化骨符」的人實在不多，我壓住好奇心回撥電話。

「阿如姐，妳怎啦？怎會需要化骨符呢？」

「唉唷！我昨天吃鰻魚，被魚刺哽到喉嚨，喝了一堆水還是卡住。」

「你有沒有先去看醫生啊？」

「有啊，可是（耳鼻喉科）醫生說刺的位置太深，必須用那個什麼鏡的，伸進去拔出來，我就很怕那種要吞什麼鏡的感覺，所以才問，你有聽過化骨符嗎？」

「我知道化骨符呀。」我心想我怎麼可能不知道。

阿如姐反而說起，小時候聽過長輩講過化骨符，當被魚刺卡在喉嚨不舒服，就可以用化骨符化在水裡喝掉，骨頭自然就化掉，阿如姐小時候聽長輩說就覺得很奇妙，才會這麼印象深刻，不過她並沒有真的接觸過這道符，現在被魚刺卡到又怕醫生用夾的，忽然想到我是學法的，就來問問是不是真的有用？

我聽完回阿如姐：「確實是有化骨符這東西，我也有學可以畫。」阿如姐高興到聲量都變大：「太好了太好了！我還擔心失傳了。」「現在是比較少人用這個沒錯，但也不至於失傳啦，其實各門各派民間符派都有這種符，長得不一樣，但功能都是相同的。」

隨後我畫了兩張化骨符交給阿如姐，交代她回去化在陰陽水（熱水＋冷水）裡分兩次飲用，隔天我還是不太放心，問她感覺怎麼樣，她說化飲了一次感覺好很多，本來很痛很扎感覺已經減輕許多，但還是稍微有點異物感，我說好，那你再把第二張也喝了，看怎樣吧！

過了幾天阿如姐主動找我，說喝完第二張整個人都舒服了，連異物感都沒了。而且她回去複診時，醫生說原本卡得很深的魚刺，照理說不太可能自然脫落，但這次複診已經完全看不到魚刺了，連傷口都癒合了，連醫生都嘖嘖稱奇。

其實當時有個小祕密沒告訴阿如姐，我是有學過這道符沒錯，但我沒有真的使用過，也就是說她是我第一個實戰化骨符的對象，不過信心也是民俗宗教療法中很重要的一環，我如果講明，說不定她內心就會產生疑慮，反而影響了效果也不一定，所以這個也是必要之惡，善意的隱瞞啦，阿如姐別怪我。

符咒案例故事，有很多是真的用科學無法解釋的，要說是巧合或美麗的誤會，但我真心覺得沒這麼多巧合啦，即便我深信符咒的無形力量，但我還是要在這邊再次強調，身體、心理有任何問題，請先找醫生處理，包括阿如姐的故事，我第一句話也是問她看醫生了沒？至於符紙本身化在水裡能不能喝，也是很爭議的事件，這邊也來跟大家聊聊。

關於符咒《祝由十三科》有提到：「書符字用硃砂，研細寫在黃紙上。」裡面寫的硃砂，古書記載清熱解毒，對心火亢熱導致心神不寧可以有減緩效果；黃紙，是用薑黃染色而成，而薑黃具有行氣破瘀、通經止痛，所以這些材料本質就是對身體OK的。但是，現在的符咒並不是用這麼天然的材料，好比薑黃就被黃色的食用色素替代，紙的材料是不是添加大量的化學物質，也是難以衡量的。

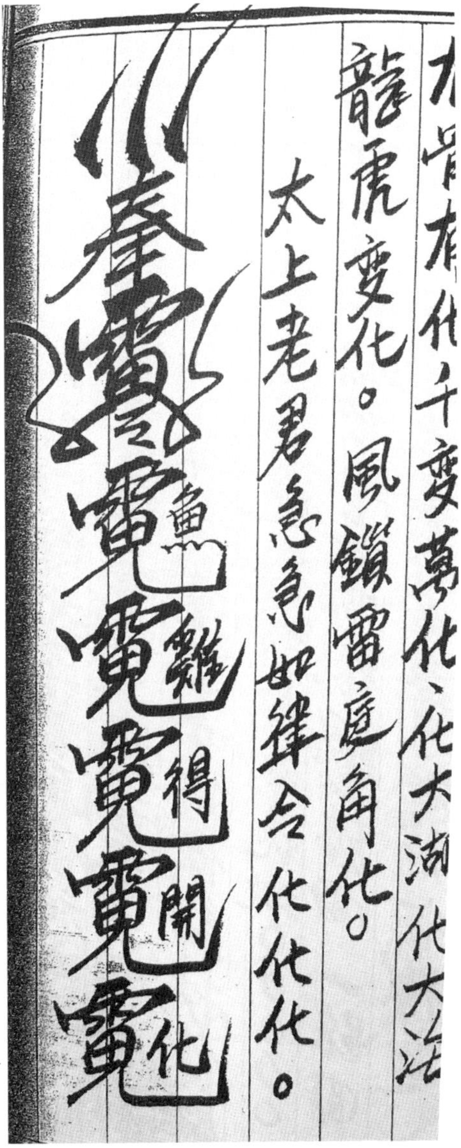


還有！硃砂正常情況下一天食用零點一到零點五公克是有安神抑氣效果，不過硃砂是含「汞」，經火燒加熱汞元素會脫離，在體內累積到一定的量會造成汞中毒，所以二○○五年硃砂政府就規定不能公開販售，二○一○年也禁止醫師使用。

這跟老一輩遇到問題，會去廟裡求「藥籤」的同時，也會拿香灰回家化在水裡喝，但是在很久之前的香是用中藥草做成的，所以食用問題不大，但現在的香很多都是化工材料，高溫之後產生毒素就不建議吃下肚了。

所以有用到硃砂的符咒，我一律不准信徒化掉飲用，批來的符紙都是比較貴且標榜天然材料製作，成本高但良心事業啦，只是即便如此，在醫理知識抬頭的現在，我還是跟信眾說能化在水裡用擦的就不要喝。

所以在很久之前，符水香灰的飲用很常見，到了現在我則是建議能不要下肚就不要，尤其是來路不明的人給你符咒要你喝，拜託千萬不要，在寫這本書的期間就發生一起社會案件。

高雄旗津有位媽媽，二〇二一年疫情期間因為著急沒有疫苗可以打，竟然誤信偏方找廟公

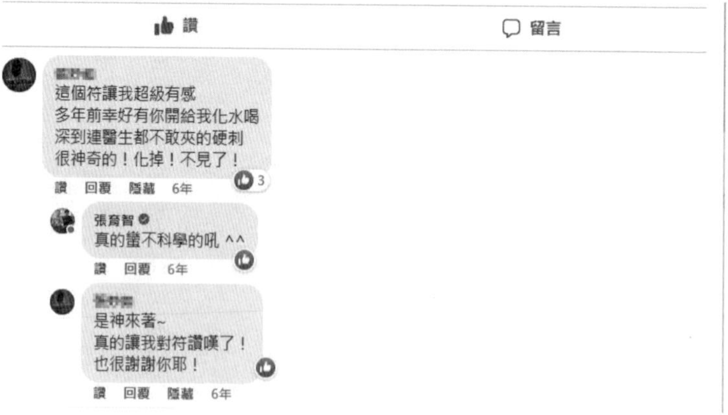

要了「防疫符水」喝，結果一家三口喝到全部中毒，媽媽更是出現中邪狀況在急診室爆走，事後檢驗才知道符咒本身可能浸泡大花曼陀羅，結果一家三口符水喝到中「花毒」。

這並不是單一案例，我自己就知道有些無良宮廟為了留住信徒，會在符水裡加一些有的沒的，讓信徒吃到產生幻覺進而解釋被鬼卡到，才會不斷回到宮廟處理來賺黑心財。

**#我是三龍法師**

**#符水能不喝就別喝比較好**

# 消除瘡腫符

#我是三龍法師

#又要來一則挑戰醫學常識的故事了

二〇一七年時，我的脖子延伸到背的地方腫了一丸，剛好被衣服蓋住不影響外觀，按壓下去覺得裡面包著液體滑動的觸感，不會痛但總是如芒刺在背，尤其無法正躺睡覺只能側睡，一翻身壓到就怪怪的。

本想說擱個幾天看會不會消，但這一丸相當頑強，沒有退讓消腫的意思還變本加厲，痛感隨著體積越變越大，只好在忙碌的工作行程中抽空去看皮膚科，本來以為，就是比較深層的青春痘吧，是不是抹個藥還是打一針就ＯＫ，結果醫生看了看，又伸出手指壓一壓，便把椅子滑回電腦前，邊打字邊說：

「張先生，你這是粉瘤喔。」

「瘤？啥！」

抱歉，沒水準又沒常識的我，聽到瘤這個字有點懵了，有點緊張的問醫生：「這瘤？是良性的嗎？還是……」

醫生馬上解釋：「別太緊張，粉瘤的另一個名稱叫表皮囊腫，絕大多數都是良性的。」

我稍稍鬆一口氣：「太好了，那該怎辦？」

醫生：「一般來說，良性的粉瘤，如果不是有礙觀瞻或者對於日常生活造成影響，是也可以不管它，但你這一碰就痛，就是處於發炎狀態，我們先幫你做消炎處理。」

就當我以爲沒事的時候，醫生馬上補一槍：「不過，粉瘤跟青春痘不一樣，在於粉瘤多了一個囊袋，囊袋是角質堆積，隨著發炎周遭的皮膚會纖維化，你可以理解成有個殼包在外層，所以即使消炎消腫之後，那個囊殼還是在，不會消失，也可能會反覆發炎。」這一段當下我早忘光，但爲了寫得更清楚，我不得不做點功課。

我問：「啊？那怎麼處理？」

醫生：「別擔心，只需要門診手術切除即可，是個小手術，當天做完你就能正常作息，只是，會留下疤痕，不過你這個位置平常衣服蓋著也看不太到，你可以衡量一下。」

我想了想，切就切，反正門診手術就幾十分鐘的事情，疤痕在背後應該也還好吧，醫生說要先等消炎後才能進行手術，於是就拿了消炎藥回去，等消炎後再約時間進行門診手術。

回家後，我想到了符咒術當中，有所謂的「祝由科」，反正我們符咒師的生活遇到什麼，都可以跟符咒牽扯上關係。

祝由科裡面大量紀載治病類的符咒，其實在以前醫藥不發達時，治傷治病的符咒算占了很大的比例，甚至流傳千年的符，曾經被官方認為是主流傳統醫學的一部份，連國家醫學考試都將祝由、符禁之術，列入考試的內容。

然而，祝由術後來被排除於正規醫學的範疇，但官方廢除民間仍然盛行，幸虧還有保留一些民間祝由符咒禁制之術。

不過放到現在來看，科學昌明、醫藥發達，什麼符咒治病說法普遍被視為迷信愚昧，甚至如果宣稱療效有醫療商業行為，還會有違法的問題，所以使用的機會實在不多，研究的人也越來越少。

我一方面抱持好奇研究的精神，一方面反正遇到了不如拿自己實驗，我又不是販售，畫給自己用可以了吧。

於是我翻查了符書典籍，找出了一張「消除無名瘡腫符」開了一張給自己帶在隨身的皮夾中。然後，也沒特別放心上，就這麼繼續正常生活，忙碌過日子。

時間一久，居然就這麼忘了，是的，我忘了。

我忘了回診，忘了約門診手術，忘了我有長粉瘤這回事，甚至當初的消炎藥也是頭幾天吃一吃就忘了吃，當我再想起此事，已經過了兩、三個月後，而會忘記有粉瘤這回事，也就意味著這段期間我沒有不舒服，甚至沒有感覺到它的存在，我會突然想起，

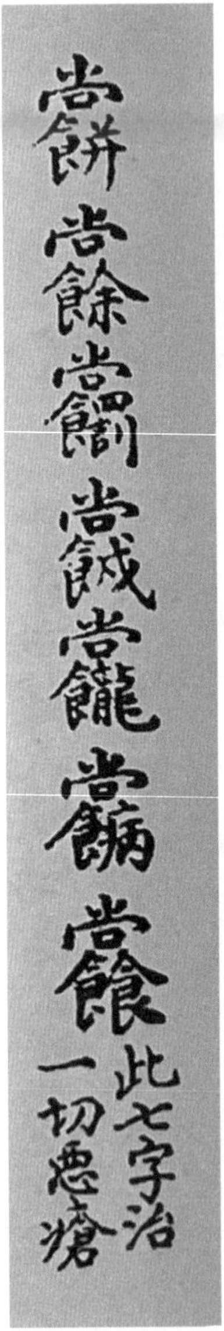
此七字治一切惡瘡

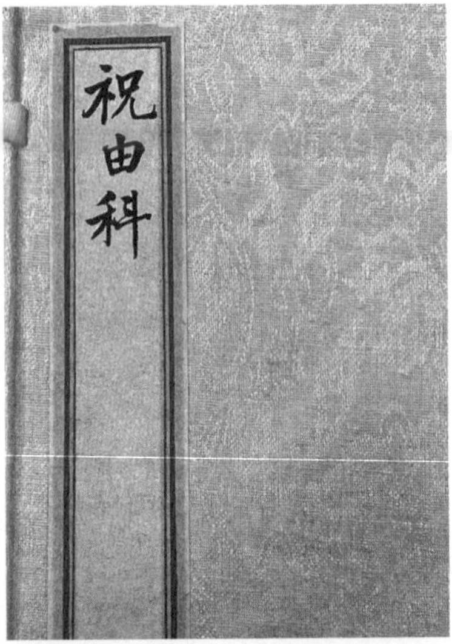
祝由科

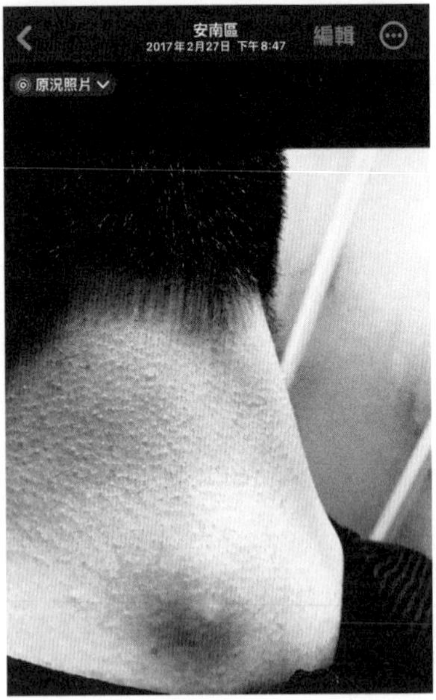
安南區
2017年2月27日 下午8:47
編輯
原況照片

是因為我在整理皮夾時，看到了那張「消除無名瘡腫符」，而我摸摸背後原本粉瘤的位置，已經完全摸不出任何痕跡了。

醫生說粉瘤不會自行消除的，這句話我記得。不過即便消腫也不痛了，但我還是有回診給醫生診斷，結果醫生摸了摸也覺得奇怪，怎麼可能會整個消失，只說沒有發炎比較不腫了，所以消下去摸不太出來，如果之後又發炎，要趕快回診治療。

已經過了五、六年了，在我寫這一篇的時候又摸了摸我的脖子處，確實沒有腫也沒有痛。

**#我是三龍法師**

**#有病痛還是要看醫生**

## 民俗記者錯別字VS符咒師三龍法師

錯別字：如果以新聞來說，〈化骨符〉、〈消除瘡腫符〉這二篇要上警語，因為太衝擊現在醫學理念了。

三龍法師：我自己也是相信醫學，要不也不會有病痛就先看醫生而不是先畫符，只是很多時候是抱著實驗精神試試看，但符咒總不讓我失望。

錯別字：那你會販售這些符咒嗎？我說醫學治療類的。

三龍法師：不會！因為我知道就算我說破嘴要去看醫生，很多怕動刀打針吃藥的，都會想說先用民俗力量看看，但往往這樣都會延誤治療時間，當然有很多老一輩的都會來問我一些消除病痛的符咒，我第一個都是回絕，並且告訴他們一定要看醫生。

錯別字：會有例外嗎？

三龍法師：有一些很熟的朋友，我也知道他們持續都有看醫生，但你要知道，有時候除了生理的治療，心理層面也要增強信心才有益於治療，在這樣的情況下我會考慮，不過我還是會以攜帶身上為主，盡可能不要飲用的。

錯別字：那你有沒有遇過很扯的案例。

三龍法師：當然有，一大堆啊，新聞也有報導過，那個打不到新冠疫苗跑去喝符水的就是一起，我自己也有聽過同行賺這黑心財。有位八十五歲的媽媽肺癌末期，基本上這神仙也難救，但就有一位黑心老師想說反正都要死了，能賺家屬多少錢就賺多少，竟然開了一系列「華陀救命符」，說跟著醫生開的藥一起服用就可以殺死癌細胞，一套賣好幾萬。

錯別字：最後這位媽媽一定是離開人世啦，我就看家屬回頭去找黑心老師怎麼算帳。

三龍法師：當然，家屬超火大去問老師，為何病情急速惡化，結果黑心老師反問對方「你母親是不是有比醫生預期的時間活得更久？」家屬停了一下想一想，當初醫生說差不多三個月，但最後媽媽多活一個半月，這時黑心老師追著說「這就是符咒有請到華陀幫你媽媽續命，這是很不容易的」，原本氣沖沖的要去理論，結果家屬頻頻道歉又包了一個紅包給老師，是不是很誇張。

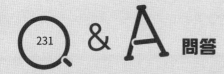

錯別字：哀！只能說是老師抓到盲點，我有聽說，醫生多半都會預期一個比實際短一點的時間，讓家屬有個心理準備，如果病患多活幾天家屬心理也會舒服一點，我不想用聰明來說這位黑心老師，但真的很恨有這種斂財的神棍。

三龍法師：不用恨，說巧不巧，最後這位老師也是死於肺癌，我想他自己畫再多的華陀符，自己也知道沒有用。

【第七章】

# 法事科儀

# 勅令 官司符

人難免犯錯或是錯並不在於你，但責任關係也得吃上官司，沒有經歷過被告走上法院等判決這條路的人，難以想像等待的過程多煎熬，也因此會有人找上法師、道士求張「官司符」，又或更強化一點做場「打沉官符科儀」來化解官司，也許你會認為：

「犯法還可以靠法術躲過！荒謬。」

先別急著生氣，起初我身為法師也覺得這樣不妥，但你先聽我處理過的這起故事就知道。接下來我會以第一人稱的方式，改編真實故事說給你聽。

## #大家好，我是陳小姐
## #這是發生在我身上的故事

在我剛出社會，交了一位男友——阿古。

當時我二十五歲，阿古大我五歲，某次朋友慶生的KTV包廂遇到他，開賓士、出手闊綽又很照顧我，沒多久就在一起。

當時只知道男友很會賺錢，問他做什麼的，他都回說了你也不懂。

我們交往沒多久就同居，住在一個月兩萬多塊的小套房，每天他都睡到中午，起床吃個飯下午進公司，到了晚上十點才會回家，但有時又不用進公司。就這樣過了半年，有天他跟我要存摺、印章和身分證，說是要轉錢進我帳戶幫我做投資，雖然有猶豫一下，但下一秒想想，他比我有錢，怎麼可能會對我存摺裡幾萬塊動歪腦筋。

一個月後，就有警察打給我「陳○○小姐嗎?」，警方說我跟一起詐騙案有關。

這跟我上次陪車禍朋友進警局做筆錄的感覺完全不一樣，聽到我跟詐騙有關，我整個腦子一片空白，第一時間打給男友說我在局裡，他說等等再打給我，之後就關機了。

三個多小時出了警局我還在狀況外，只是不停想：

「怎麼辦？」

「阿古怎麼不接電話？」

「我會不會被抓去關？」

我還記得，當時一位警察對我很客氣，也感嘆說被男友利用了真傻，好好配合警方辦案會幫助我的，另一位年輕一點、皮膚黝黑就非常冷漠不怎麼說話，甚至還說：

「說不定妳就是共犯，之前很多共犯也是裝做受害人。」

出了警局，我打給媽媽，話都沒說就哭得稀里嘩啦，家人聽完也急了，隔天就北上跑來了解狀況，而那個廢物男友則是兩天後才回到家裡，嘴巴說「沒事沒事，會處理好」，但抽菸抽得比平常還兇。

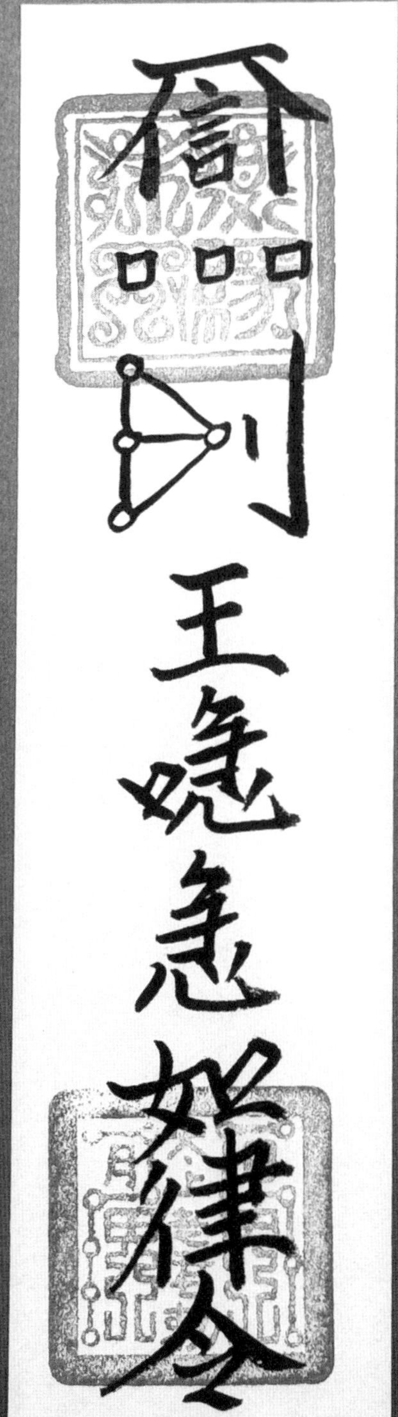
王急急如律令

我都還在考慮，要不要大義滅親報案抓男友？結果阿古就被抓了。

但因為我本身沒有前科（後來才知道阿古有詐欺前科），加上所有證據都顯示我並非詐騙集團一員，但免不了還是會吃上官司刑責，爸媽一聽不得了，怎麼可以讓自己女兒出事，不知道從哪聽到「官司符」這東西，找了一天要我去城隍廟跪著，把所有緣由說清楚，還把報案的相關單據通通印一份，放在城隍爺的面前，最後才把「官司符」燒掉。

當下沒想過信不信這回事，反正爸媽要我做的我都做了，整起事件拖了一年多吧，陸陸續續進出警局跟出庭，阿古被抓進去，而我竟然全身而退！我當時看著白紙黑字寫著：

「台北地方法院刑事一一〇年易字〇〇號 詐欺無罪。」

終於，緊繃的感覺瞬間釋放，我來回看了很多次，確定之後整個人癱軟下來。

## #大家好，我是陳小姐
## #這是發生在我身上的故事

在我跟錯別字口述這篇故事時，剛好又發生一起跟官司符有關的故事，甚至還做到「打沉官符科儀」，我在這邊一起說一說。

事情發生在經營搬家公司的陳姓老闆娘身上，有天凌晨，她公司的司機撞死一位買早餐的阿伯，司機大哥沒喝酒也沒前例，真的就是天色太暗阿伯騎著腳踏車騎到馬路中央，一不注意勾到阿伯衣服，整個人捲到車下直接輾斃。

阿伯的子女氣到提告，並且完全不接電話、不溝通，陳老闆娘跟司機真心想談，但沒有辦法找到溝通管道，這時老闆娘找上我，不單要符而是加強版的做了「打沉官符科儀」。

打完之後，死者的子女過幾天竟然主動打電話來，提出願意和解，更扯的是開庭當天，還幫司機跟法官求情，希望判輕一點。

後來到了二〇二三年六月，刑事宣判駕照是保住了，原判決坐牢九個月也撤銷緩刑二年，連檢察官都在幫老闆娘求情，說原判真的太重，整整二年二個月的時間老闆娘始終表現出堅強姿態，一直跟大家說一定沒事，但在宣判之後終於吐出一口長氣，眼淚也守不住流了下來。

# 民俗記者錯別字 VS 符咒師三龍法師

錯別字：你是不是覺得，我會問說「那殺人強姦的嫌犯，求了符打了科儀，就可以減輕甚至無罪」嗎？

三龍法師：你應該沒有這麼蠢！

錯別字：對，我想問的是，官司符與打沉官符是不是可以大事化小，小事化無？

三龍法師：沒有錯，就是重業輕報，很多時候我們還是要為自己犯的錯付出代價，法術只在於別讓事態惡化，但如果你事後不反省，認為躲過一劫就得意忘形，因果還是會以別的形式回頭。

錯別字：什麼意思？

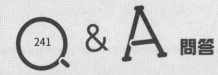

三龍法師：好比司機撞死那位阿伯，事後我跟司機大哥說，你要記得多做善事，除了乖乖把和解金償還，建議他每個月也要捐贈部分薪資給弱勢團體，後來那位司機除了捐錢還捐血。當然如果這位司機大哥想說，反正法官都判下來了，錢

也不乖乖還，開車還是不注意，那因果報應會以別的形式討回，最常見就是破財、血光。

錯別字：那我要問一個尖銳的問題，如果今天殺人犯找上你做這件事，你該怎麼辦？

三龍法師：嗯——還真有遇過，一位大哥討債時打死了人。

錯別字：然後呢？

三龍法師：我沒做！

錯別字：可以不做？

三龍法師：當然可以，這什麼廢話！雖說大哥一開始求我，還開了二十萬的價碼，錢就放在那邊，說真的我不賺別人也會賺，但想想還是堅決不做，他就有點半威脅，那陣子我帶妻小出門，是有特別注意。

錯別字：之後呢？跑來對你開槍嗎？

三龍法師：沒開槍啦，他就找別的法師做，大哥找的法師我也認識，姑且不論那法師的良心怎樣，總之做完法之後大哥被判得很輕，我忘記是有小弟頂罪還是緩刑，反正就是不用坐牢。

錯別字：那也太糟糕了吧這法術，有錢的壞人就可以無後顧之憂啦。

三龍法師：我還沒說完，我剛剛有說要償還，雖說是重罪輕判，但你覺得那位大哥有真的改過自新嗎？

錯別字：沒有。

三龍法師：對，他沒有！繼續討債甚至更囂張，因為這次打沉官符科儀讓他吃到甜頭，結果幾年後他被仇家找上，最終被打到變植物人。

錯別字：你怎麼知道！

三龍法師：一樣是那位法師跟我說的，我們圈子很小，資訊流通很快的。

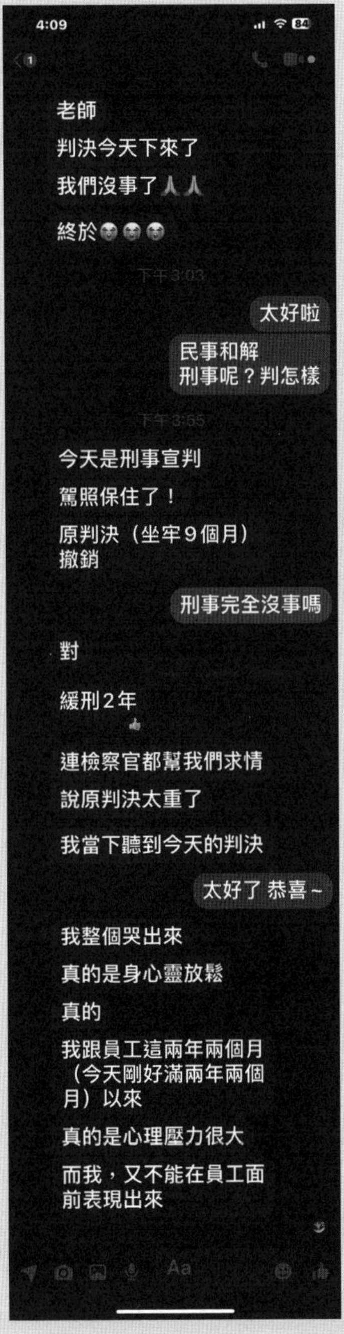
4:09
老師
判決今天下來了
我們沒事了
終於
下午3:03
太好啦
民事和解
刑事呢？判怎樣
下午3:55
今天是刑事宣判
駕照保住了！
原判決（坐牢9個月）撤銷
刑事完全沒事嗎
對
緩刑2年
連檢察官都幫我們求情
說原判決太重了
我當下聽到今天的判決
太好了 恭喜～
我整個哭出來
真的是身心靈放鬆
真的
我跟員工這兩年兩個月（今天剛好滿兩年兩個月）以來
真的是心理壓力很大
而我，又不能在員工面前表現出來
Aa

# 貳拾

# 斬桃花符

#我是三龍法師
#這是在民國一〇四年三月發生的

因為當時的對話紀錄我還留著，所以時間才會記得這麼清楚。

當天下午，我工作室的紗窗門緩緩被拉開，進來一位穿著帽T頂著鴨舌帽，化著淡妝看起來只有二字頭的小姐，直到我看了她的八字才發現，保養得真好。

「我是Alva介紹的，想來斬桃花。」姑且叫她桃小姐。

我想應該是，桃小姐的老公不斷劈腿，她受不了又不想離婚，所以才來找我斬她老公的桃花，這是很常見的套路，包括Alva就是這樣，但沒想到的是：

「我想斬自己的桃花！」我深吸一口氣。

原來是桃小姐自己劈腿，還劈老公的朋友兼工作夥伴，原先兩人說好短暫的戀情只是枯燥生活的調劑，但誰知雙方的時間觀念有差，桃小姐覺得時間到了但小王卻覺得太快了，甚至逼到要去找她老公攤牌二選一，桃小姐真的沒辦法，忍不住跟姊妹說，卻沒想到姊妹自己也把老公劈腿一事說出來，互相取暖下也取得了我的聯絡方式，然後現在出現在我面前。

我告訴桃小姐，這種屬於「單一對象」的斬桃花，需要名字、生辰八字之外，還需要連結自身的頭髮與指甲，我知道取得不易但就盡量給我就好，效率之高的桃小姐三天後就給我兩包透明袋子，分別裝了她跟小王的指甲和頭髮，隨後淡淡解釋：

「指甲是我趁他洗澡時翻垃圾桶的，頭髮是趁他睡著剪的。」

我做了兩張紙人，分別是桃小姐跟小王，紙人中間夾了一張「破桃花」的符咒，這裡有個重點，紙人與紙人必需背對背，象徵漸行漸遠，如果是要做「合和術」就要面對面。

紙人上放了一根代替彼此情緣的桃枝，再請出一把纏符念過咒的柴刀，名為「斬情刀」。

備妥之後我請桃小姐回去，但好奇心讓她坐在旁邊看，我自行念起咒語請示神明完畢，確定一切都沒問題之後，燒符念咒隨後高舉斬情刀，手起刀落砍下，桃枝硬生斷裂還彈了起來，桃小姐從包包拿出手機想要拍，我卻說：

「結束！」

「啊！好了？這麼快！」

被女人說快難免不是滋味，她站了起來說自己和小王糾纏許久，一刀就可以了結嗎？需不需要多補幾刀？我解釋，斬完一刀這部分就算告個段落，多斬幾刀只是鞭屍，不道德也沒必要。

但其實有必要，因為她想拍照，所以我就再斬一刀，免費不加價。

事後我把紙錢、桃枝、紙人等都拿去燒掉，再請桃小姐回去，只見熊熊的火燒著桃枝像是燒盡她的戀情，火光照應著她眼角的淚光，自顧自說起自己、小王、老公的三角情，我又被迫再聽一次，我深深覺得法師之後要索取諮商費，採分鐘計價。

桃小姐說老公是個工作狂，很常往對岸去談生意，在家裡負責會計跟祕書工作的桃小姐，自然很常跟老公的工作夥伴（小王）接洽，好幾次公事完畢小王就會約桃小姐一起吃飯，最終男人經不起誘惑、女人經不起寂寞，乾柴烈火燒得不比剛剛金爐小，故事說完她瀟灑轉身離開。

一個禮拜後的凌晨三點，枕邊的手機響起訊息的聲音，一封接著一封傳來，密集程度讓我以為錯別字賴正鎧又傳了一大堆的A片，我戴起眼鏡不是要看，是要關成靜音才發現傳來的是桃小姐，她跟我說：

「發生意外了！」

「我男友（小王）出車禍命危。」

我從床上彈了起來，做了這麼多場斬桃花的科儀，沒做到讓對方的命都被斬掉，桃小姐跟她老公去了醫院探望小王，當然老公不知道探望的對象除了是自己的朋友也是「客兄」。

多尷尬的場景，對桃小姐來說。

原先小王昏迷不醒，幾天後醒了過來，桃小姐跟老公常常去探望，好幾次小王戴著氧氣罩想開口，桃小姐都會搶說：

「你別說，好好休息吧，我們會幫你處理的。」話就這樣隨著氧氣吞了下去。

原先桃小姐想說能拖一天是一天，但小王恢復力驚人，比預期的時間早出院，這下真的要攤牌了，結果是小王先離職回老家休養，離開前傳了一封訊息說自己在住院期間想開了，彼此分開比較好，因此跟桃小姐的戀情也就這樣結束了。

過去的斬桃花的科儀經驗，最常出現的模式是桃花斬完，雙方沒幾天就會吵架，冷靜之後就自然的分開，實在沒想到這次是被車撞，撞到分開。

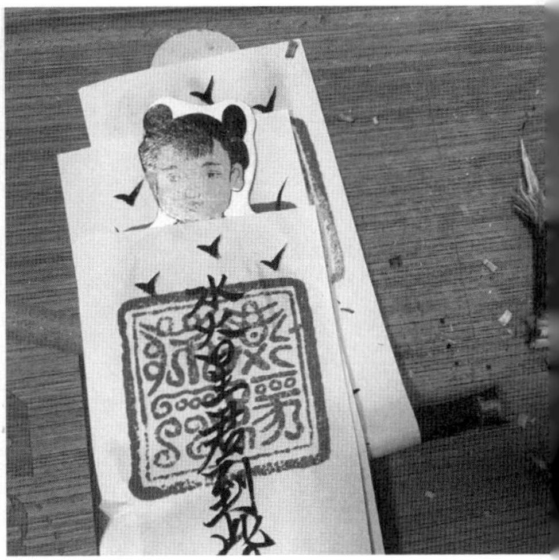

三龍法師：先說好，我並沒有下什麼咒術讓他出車禍，而是以不同形式發生，但最終確實有斬到桃花的概念。

錯別字：其實我也不好說什麼，要不等下你對我下咒我也不知道，這邊先請教三龍法師一個問題，是不是可以無條件把我周遭的爛桃花通通斬掉？只留下好桃花？

三龍法師：我不建議，首先的問題是誰來定義桃花的「好與壞」，你覺得AV天后明日花很好，但你老婆覺得她很壞；神明認為這個男人很好，但女信徒覺得不是高富帥；二來，有些你現在認為是爛桃花，之後可能轉為好桃花，多少愛情電影的套路，一開始男女主角互看不順眼，最後還不是到同張床滾床單。

錯別字：那你有接過無條件範圍斬斷桃花嗎？

三龍法師：有，那是一對夫妻，老公非常愛偷吃劈腿，我看她老公是位從事室內設計的老闆，頭髮留很長綁著馬尾，滿有型的樣子，老婆當然受不了，最後一次偷吃被抓到，就帶著老公來找我，要我斬掉老公所有的桃花，老公也堅定的表示絕不偷吃，所以願意斬桃花讓老婆放心。

錯別字：後來呢？

三龍法師：斬啊，但我說過他老公是位老闆，桃花其實並非只有戀情曖昧，人緣也算在桃花之中，那位老公斬完之後，周邊是真的少了很多女生靠近，但整個人脈重創，最後工作也出問題，夫妻感情也走不下去，離婚收場。

錯別字：哇！你怎麼知道這麼詳細？

三龍法師：因為後來那位老公來找我種桃花，要把過去斬掉補回來，我第二次看到她老公，發現他從原本很有型的長髮男，怎麼斬完之後再看就很像是流浪漢，當初那種魅力真的有減少。

錯別字：你也真厲害，斬掉收一筆，種又收一筆，而且還可以斬斬又種種。

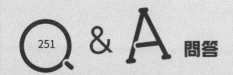

三龍法師：欸欸欸，那是他們來找我的，在做法之前像做手術一樣，我都已經說得清清楚楚了，而且並非種回來就百分之百有用，好比結紮，結完之後再接回去的

成功率也只有百分之七十，還要看你結的時間多久，越久再接回去越難。

錯別字：那我想問，如果招桃花一直招到爛桃花，怎麼辦？

三龍法師：其實這要回歸一句現實名言「花朵吸引蝴蝶，大便吸引蒼蠅」，我的符咒主要是招來桃花讓你挑選，這已經達到了我的效益，就像商品本身，如果你把自己身價調高，打了廣告來的客人自然也是高消費族群，但如果你一樣夢想桃花符一燒，就有明星老闆富二代來娶你，恐怕沒有這麼好的美夢。

錯別字：這跟招財符概念一樣，最終還是要回歸自我的努力啦。

# 招財符、人緣符、平安符、防小人符使用說明

先謝謝了，不論你是一路看到最後，還是買來直接翻到這一頁，總之你都買了，就該說聲謝謝。

這四張符咒分別為「招財符」、「平安符」、「人緣符」、「防小人符」，皆由三龍法師親筆畫出、掃描、印製，那你有仔細看這本書的話，就會知道這四張符目前的狀態就是裝飾品。也就是說你撞鬼了拿出這張平安符，好兄弟就會當你面撕掉而已，所以如果你想要啟動這四張符的功用，那請跟我一起這樣做。

第一步：小心的剪下來，不要剪到符咒本體，剪到了恭喜你，再買一本後面還有四張。

第二步：拿著符咒帶去廟裡拜拜，報上你的名字、出生年月日、想祈求的願望。好比我剪招財符，就去公司最近的土地公廟拜一拜，希望土地公爺爺保佑我今年加薪順利

並幫這張符加持一下，如果可以的話請給我一個聖筊。

**第二步很重要**。你要問土地公（或是其他神明）願不願意幫你加持，不是說一去廟裡說完就過香爐三圈，這樣很沒禮貌。如果聖筊願意，那就順時鐘繞香爐三圈；如果不願意就開始討價還價，是不是供品不夠啊？還是加持過後加薪了，要回來還多少的願啊之類的？

第三步：一切順利後，符咒隨身攜帶就好。放皮夾或是辦公室都可，重點是不要弄濕、弄破，其實這些要點這本書都寫過，但就怕有人根本不想看我寫的故事，買書就是衝著三龍法師的符而來，所以還是要在這邊簡單說明。

那因為這四張符咒，偏向藥局賣普羅大眾可使用的藥品，如果你想要客製化且真的達到「符符貼貼」效果，還是請你直接跟三龍法師，或是你信得過的法師討論請符，會比較直接有用喔。

# 符咒的力量

作　者—三龍法師
採訪撰述—錯別字
主　編—林菁菁
企　劃—謝儀方
封面設計—江孟達
內頁設計—李宜芝

總編輯—梁芳春
董事長—趙政岷
出版者—時報文化出版企業股份有限公司
108019 臺北市和平西路 3 段 240 號 3 樓
發行專線—（02）2306-6842
讀者服務專線—0800-231-705・(02)2304-7103
讀者服務傳真—(02)2304-6858
郵撥—19344724 時報文化出版公司
信箱—10899 臺北華江橋郵政第 99 信箱
時報悅讀網—http://www.readingtimes.com.tw
法律顧問—理律法律事務所 陳長文律師、李念祖律師
印　刷—勁達印刷有限公司
初版一刷—二〇二三年十二月二十二日
初版五刷—二〇二四年七月十二日
定　價—新臺幣三八〇元


時報文化出版公司成立於一九七五年，
並於一九九九年股票上櫃公開發行，於二〇〇八年脫離中時集團非屬旺中，
以「尊重智慧與創意的文化事業」為信念。

符咒的力量 / 三龍法師著 錯別字採訪撰述 -- 初版 . -- 臺北市 : 時報文化出版企業股份有限公司 , 2023.12
面； 公分

ISBN 978-626-374-622-0( 平裝 )

1.CST: 符咒 2.CST: 通俗作品

295.5　　112019029

ISBN 978-626-374-622-0
Printed in Taiwan